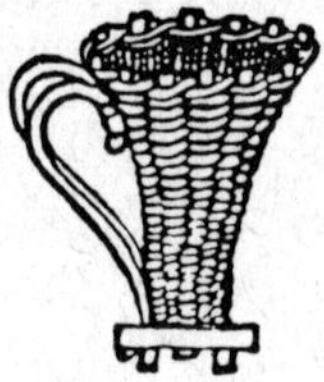

Nathalie Sarraute

Nathalie Sarraute

Kindheit

Deutsch von Elmar Tophoven

Kiepenheuer & Witsch

Titel der Originalausgabe
Enfance

Deutsch von Elmar Tophoven

Umschlag Hannes Jähn, Köln
Satz Froitzheim, Bonn
Druck und Bindearbeit: Salzer - Ueberreuter, Wien
ISBN 3 462 01654 7

Der Übersetzer dankt der Autorin, Bärbel Flad und Erika Tophoven-Schöningh für Hilfe und Ratschläge.

E. T.

»Du bist also wirklich dazu entschlossen, deine ›Kindheitserinnerungen heraufzubeschwören‹?... Wie dich diese Wörter stören, du magst sie nicht. Gib aber zu, daß es die einzig passenden sind. Du willst ›deine Erinnerungen heraufbeschwören‹... es ist nicht daran herumzudeuteln, genau darum handelt es sich.«

»Ja, ich kann es nicht ändern, es reizt mich, ich weiß nicht, warum...«

»Du möchtest es vielleicht... ist es nicht möglich, daß du... so etwas wird einem manchmal selbst nicht klar... du möchtest es vielleicht, weil deine Kräfte nachlassen...«

»Nein, ich glaube nicht... jedenfalls spüre ich es nicht...«

»Und doch: könnte dieser Entschluß... ›deine Erinnerungen heraufzubeschwören‹... könnte er nicht auch bedeuten, daß...«

»Oh, ich bitte dich...«

»Man muß es sich schon fragen: bedeutet es nicht vielleicht doch, daß du dich zur Ruhe setzen, Platz machen, dein Element aufgeben möchtest, in dem du bislang schlecht und recht...«

»Ja, wie du sagst, schlecht und recht...«

»Mag sein, aber es ist das einzige, in dem du überhaupt leben konntest... das Element, das...«

»Oh, was soll's? Ich kenne es.«

»Stimmt das auch? Hast du wirklich nicht vergessen, wie es darin war? wie alles darin schwankt, sich verwandelt, sich davonmacht... du bewegst dich tastend voran, stets suchend, dich vorstreckend... wohin? was ist das da? das hat mit nichts Ähnlichkeit... niemand spricht davon... es entzieht sich, man packt es, so gut es einem gelingt, man schiebt es... wohin? irgendwohin, wenn es nur eine günstige Umwelt findet, in der es sich entwickelt, wo es vielleicht zu leben vermag... Sieh mal, wenn ich nur daran denke...«

»Ja, so was macht dich redselig. Ich möchte sogar sagen übermütig. Ich frage mich, ob es nicht immer wieder die gleiche Furcht ist... Erinnere dich, wie sie jedesmal, wenn sich etwas noch Unförmiges einstellt, wieder erwacht... Was uns von früheren Bemühungen übriggeblieben ist, scheint unsere Aufmerksamkeit weit mehr zu verdienen als das, was sich noch zitternd irgendwo in einem Zwischenreich regt...«

»Das ist es ja eben, ich fürchte diesmal, daß es sich nicht regt... sich nicht genug regt... daß es sich ein für allemal verfestigt hat, wie etwas ganz und gar im voraus Gegebenes...«

»Mach dir keine Sorgen wegen etwas Gegebenem... es ist noch ganz in der Schwebe, kein geschriebenes Wort, kein gesprochenes Wort hat es bislang berührt, mir scheint, daß es ein wenig bebt... außerhalb der Wörter... wie immer... kleine Teile von etwas noch Lebendigem... ich möchte, bevor sie verschwinden... laß mich...«

»Gut. Ich sag nichts mehr... wir wissen ja genau, daß, sobald du von etwas heimgesucht wirst...«

»Ja, und – was man kaum glauben würde – diesmal kommt der Anstoß von dir, du drängst mich schon seit einer Weile dazu...«

»Ich?«

»Ja, du... Mit deinen Zurechtweisungen und Warnungen rufst du es hervor... stürzt du mich da hinein...«

›*Nein, das tust du nicht*‹... da sind sie wieder, diese Worte, sie sind wieder lebendig geworden, sie sind genauso rege wie in jenem Moment vor so langer Zeit, als sie in mich eindrangen; sie drücken, sie lasten mit ihrer ganzen Macht, mit ihrem enormen

Gewicht auf mir ... und unter ihrem Druck löst sich in mir etwas ebenso Starkes, erhebt sich in mir etwas noch Stärkeres und steigt empor ... die Worte, die aus meinem Munde kommen, tragen es fort und treiben es dort hinein *›Doch, ich werde es tun.‹*

›Nein, das tust du nicht.‹ ... diese Worte kommen von einer Gestalt, welche die Zeit beinahe ausgelöscht hat ... es bleibt nur eine Anwesenheit übrig ... die Anwesenheit einer jungen Frau, die tief in einem Sessel im Salon eines Hotels sitzt, wo mein Vater allein mit mir seine Ferien verbrachte, in der Schweiz, entweder in Interlaken oder in Beatenberg, ich muß damals fünf oder sechs Jahre alt gewesen sein, und die junge Frau hatte die Aufgabe, sich um mich zu kümmern und mir Deutsch beizubringen ... Ich kann sie mir nicht mehr genau vorstellen ... aber ich sehe ganz deutlich das Handarbeitskörbchen auf ihren Knien und darauf eine große Stahlschere ... und ich ... ich kann mich nicht sehen, aber ich fühle es, als ob ich es in diesem Augenblick täte ... ich ergreife plötzlich die Schere, ich halte sie fest in der Hand ... eine schwere, geschlossene Schere ... ich halte ihr spitzes Ende auf die Rückenlehne eines Sofas gerichtet, das mit einem ganz zarten, rankenartig gemusterten, glänzenden Seidenstoff in einem etwas verblichenen Blau überzogen ist ...

und ich sage auf deutsch... *›Ich werde es zerreißen.‹*

»Auf deutsch... Wie hattest du es so gut lernen können?«

»Ja, ich frage es mich selbst... Aber diese Wörter habe ich seitdem nie mehr ausgesprochen... *›Ich werde es zerreißen.‹* ... das Wort *›zerreißen‹* ertönt wie ein wildes Zischen, im nächsten Moment wird etwas passieren... ich werde etwas zerreißen, verheeren, zerstören... es wird ein Anschlag sein... ein Attentat... ein Verbrechen... das aber nicht geahndet wird, wie es geahndet werden könnte, ich weiß, daß es keinerlei Strafe geben wird... vielleicht einen kleinen Tadel, eine unzufriedene, etwas besorgte Miene meines Vaters... Was hast du getan, Taschock, was ist in dich gefahren? und die Entrüstung der jungen Frau... aber eine Furcht, die noch größer ist als die vor unwahrscheinlichen, undenkbaren Strafen, hält mich noch zurück von dem, was im Nu geschehen wird... das Nicht-wieder-gut-zu-machende... das Unmögliche... das, was man nie tut, was man nicht tun darf, was keiner sich erlaubt...

›Ich werde es zerreißen.‹ ... ich warne Sie, ich werde den Schritt tun, aus dieser sittsamen,

bewohnten, lauwarmen, weichen Welt hinausspringen, ich werde mich von ihr trennen, ich werde fallen, stürzen, ins Unbewohnte, in die Leere...

›*Ich werde es zerreißen*‹... ich muß Sie warnen, um Ihnen Zeit zu lassen, mich daran zu hindern, mich zurückzuhalten... ›*Ich werde das da zerreißen*‹... ich werde es ihr sehr laut sagen... vielleicht wird sie die Schultern zucken, den Kopf senken und einen aufmerksamen Blick auf ihre Handarbeit richten... Wer nimmt solche Hänseleien, solch kindischen Schabernack schon ernst?... und meine Worte werden zerfliegen, sich auflösen, mein erschlaffter Arm wird hinabsinken, und ich werde die Schere wieder an ihren Platz in das Körbchen legen...
Aber sie richtet den Kopf wieder auf, sie blickt mich gerade an und sagt, jede einzelne Silbe betonend: ›*Nein, das tust du nicht*‹... wobei sie einen sanften, festen, nachhaltigen, unerbittlichen Druck ausübt, den gleichen Druck, den ich später in den Worten, im Ton von Hypnotiseuren und Tierbändigern wahrnahm...

›Nein, das tust du nicht...‹ in diesen Wörtern fließt eine dicke, schwere Flut und das, was sie mit sich führt, dringt tief in mich ein, um das, was sich in mir rührt, was sich aufbäumen will, zu zerschmettern... und unter diesem Druck bäumt es sich wieder auf, bäumt es sich noch mehr noch höher auf, es wächst und schleudert gewaltsam diese Worte aus mir hervor...›Doch, ich werde es tun.‹

›Nein, das tust du nicht...‹ die Worte umzingeln mich, umfassen mich, fesseln mich, ich schlage um mich... ›Doch, ich werde es tun‹... Es ist soweit, ich befreie mich, die Aufgeregtheit, die Gereiztheit läßt mich den Arm ausstrecken, ich steche die Scherenspitze mit aller Kraft hinein, die Seide gibt nach, sie zerreißt, ich schlitze die Rückenlehne von oben nach unten auf und betrachte, was da herauskommt... etwas Weiches, Gräuliches wölbt sich aus dem Schlitz hervor...«

In diesem Hotel... oder in einem anderen Schweizer Hotel der gleichen Art, wo mein Vater wieder seine Ferien mit mir verbringt, sitze ich am Tisch in einem Saal, erhellt von breiten, verglasten Fenstern, hinter denen man Rasenflächen und Bäume sieht... Es ist der Speisesaal der Kinder, die dort unter der Aufsicht ihrer Kindermädchen oder Gouvernanten ihre Mahlzeiten einnehmen.

Sie sitzen so weit wie möglich von mir am anderen Ende des langen Tisches beieinander... die Gesichter von einigen unter ihnen sind durch eine ganz dicke, geschwollene Backe grotesk entstellt... ich höre sie laut auflachen, ich sehe die amüsierten Blicke, die sie mir heimlich zuwerfen, ich verstehe schlecht, aber ich kann mir denken, was die Erwachsenen ihnen zuflüstern: ›Los, schluck es runter, hör auf mit dem blöden Theater, schau das Kind dort nicht an, du darfst es nicht nachmachen, es ist ein unerträgliches Kind, ein verrücktes Kind, ein überspanntes Kind...‹

»Du kanntest schon diese Wörter...«

»Und ob ich sie kannte... ich hatte sie oft genug gehört... Aber keines dieser etwas schreckenerregenden, erniedrigenden Wörter, kein Überredungsversuch, kein Flehen konnte mich dazu bringen, den Mund zu öffnen, damit das bißchen Essen da hineingesteckt werden konnte, das ungeduldig am Gabelende, da, ganz nah vor meinen zusammengepreßten Lippen hin- und hergeschwenkt wurde... Als ich die Lippen schließlich öffne, um dieses Stück hereinzulassen, schiebe ich es sofort in meine Backentasche, die schon voll, geschwollen, gespannt ist... eine Vorratskammer, wo es warten muß, bis es an die Reihe kommt, um zwischen meinen Zähnen zerkaut zu werden, bis es so flüssig wie Suppe ist...

›So flüssig wie Suppe‹ waren die Worte, die ein Arzt in Paris gesagt hatte, Doktor Kervilly...«

»Wie merkwürdig, daß sein Name dir sofort wieder einfällt, während du so viele andere noch so lange suchen kannst, ohne daß...«

»Ja, ich weiß nicht, warum ausgerechnet sein Name unter so vielen vergessenen wieder auftaucht...

Meine Mutter hatte mich wegen ich weiß nicht mehr welcher kleinen Beschwerden durch ihn untersuchen lassen, kurz bevor ich wieder zu meinem Vater fuhr... Was mich, weil sie damals mit mir in Paris lebte, darauf bringt, daß ich noch keine sechs Jahre alt gewesen sein konnte...

›Hast du gehört, was Doktor Kervilly gesagt hat? Du mußt die Speisen so lange zerkauen, bis sie so flüssig wie Suppe sind... Vergiß es vor allem nicht, wenn du ohne mich drüben sein wirst, drüben wird man es nicht wissen, drüben wird man es vergessen, wird man nicht darauf achten, du wirst selbst daran denken müssen, du mußt dich an das, was ich dir rate, erinnern... versprich mir, daß du es tun wirst...‹ – ›Ja, ich verspreche es dir, Mama, du kannst ganz beruhigt sein, du brauchst dir keine Sorgen zu machen, du kannst dich auf mich verlassen...‹ Ja, sie kann ganz sicher sein, ich werde sie in mir ersetzen, sie wird mich nicht verlassen, es wird so sein, als ob sie immer da wäre, um mich vor Gefahren zu schützen, welche die anderen hier nicht kennen, wie könnten sie sie auch kennen? sie allein kann wissen, was mir zuträglich ist, sie allein kann das, was gut für mich ist, von dem, was schlecht für mich ist, unterscheiden.

Ich kann es ihnen noch so oft sagen und erklären... ›So flüssig wie Suppe... das hat der Doktor, das hat Mama mir gesagt, ich habe es ihr versprochen‹... Sie schütteln den Kopf, sie lächeln ein wenig, sie glauben nicht daran... ›Ja, ja, schon gut, aber du solltest dich trotzdem beeilen, schluck's runter...‹ Ich kann aber nicht, es gibt nur mich hier, die Bescheid weiß, die es allein beurteilen kann... wer kann hier sonst an meiner Stelle entscheiden und mir erlauben... wenn der Moment noch nicht gekommen ist... ich kaue so schnell ich kann, ich versichere es Ihnen, meine Wangen tun mir weh, ich laß Sie nicht gern warten, aber ich kann nichts daran ändern: Es ist noch nicht ›so flüssig wie Suppe‹... Sie werden ungeduldig, sie treiben mich an... was schert sie das schon, was meine Mutter gesagt hat? sie zählt hier nicht... keiner hier außer mir berücksichtigt es...

Wenn ich jetzt meine Mahlzeiten einnehme, ist der Kinderspeisesaal leer, ich esse nach den anderen oder vorher... ich habe ihnen ein schlechtes Beispiel gegeben, es sind Klagen von Eltern gekommen... aber das macht nichts... ich bin immer noch hier, auf meinem Posten... ich widerstehe... ich halte stand auf diesem Stückchen Erde, wo ich ihre Farben gehißt habe, wo ich Mutters Fahne aufgepflanzt habe...«

»Das sind Bilder und Wörter, die freilich nicht in so jungen Jahren in deinem Kopf entstehen konnten...«

»Natürlich nicht. Ebensowenig übrigens, wie sie im Kopf eines Erwachsenen hätten entstehen können... Es war, wie immer, außerhalb der Worte als ein Ganzes empfunden worden... Aber diese Wörter und diese Bilder sind eben das, was es schlecht und recht erlaubt, solche Empfindungen zu erfassen und zu behalten.«

Wenn ich nachgäbe, wenn ich einwilligte, dieses Stück herunterzuschlucken, ohne es vorher so flüssig wie Suppe zerkaut zu haben, so würde ich etwas Schlimmes tun, was ich ihr nie erzählen könnte, wenn ich wieder nach drüben, zu ihr zurückkehren würde... ich würde diesen Verrat, diese Feigheit tief in mir tragen müssen.

Wäre sie bei mir, so brauchte ich vielleicht schon lange nicht mehr daran zu denken und könnte, wie ich es gewöhnt war, ohne zu kauen schlucken. Meine Mutter selbst hätte es, so wie ich sie als eine unbekümmerte, zerstreute Person kannte, längst vergessen... aber sie ist nicht hier, sie hat es mir mit auf den Weg gegeben... ›so flüssig wie Suppe‹... von ihr habe ich es... sie gab es mir, damit ich es behalte, ich muß es ehrfürchtig aufbewahren, es vor jedem Angriff schützen... Ist es wirklich schon das, was man ›so flüssig wie Suppe‹ nennen kann? ist es nicht noch zu dick? Nein, wirklich, ich glaube, daß ich es mir erlauben kann, es herunterzuschlukken… und dann das nächste Stück aus meiner Backentasche hervorzuholen…

Es tut mir wirklich leid, dieser so sanften, geduldigen Person eine solche Unannehmlichkeit zuzumuten, und meinem Vater vielleicht Kummer zu bereiten… aber ich komme von weit her, von einem fremden Ort, zu dem sie keinen Zugang haben, dessen Gesetze sie nicht kennen, Gesetze, die ich drüben schelmisch mißachten kann, es kommt schon mal vor, daß ich sie verletze, aber hier nötigt mich die Loyalität, mich ihnen zu unterwerfen… Ich ertrage tapfer die Rügen, die Spöttereien, die Ausschließung, die Vorwürfe, boshaft zu sein, die Unruhe, die meine Verrücktheit hier erzeugt, und das Schuldgefühl… aber ist es überhaupt vergleichbar mit den Gewissensbissen, die ich haben würde, wenn ich mein Versprechen nicht hielte, heilig gewordene Worte verhöhnte, jedes Pflicht- und Verantwortungsgefühl verlöre, mich wie ein schwaches, kleines Kind aufführte und einwilligte, dieses Stück herunterzuschlucken, bevor es ›so flüssig wie Suppe‹ geworden wäre.

Und alles war ausgelöscht, sobald ich zu meiner Mutter nach Paris zurückgekehrt war... alles war wieder von jener Aura der Unbekümmertheit umgeben...«

»Sie selbst strahlte sie aus.«

»Ja, sie, die immer etwas kindlich, etwas leichtsinnig war... sie wurde lebendig und sprühte, wenn sie mit ihrem Mann sprach oder abends mit guten Freunden in der kleinen Wohnung in der Rue Flatters, die kaum möbliert und ziemlich dunkel war, diskutierte; aber sie schien es nicht zu merken, und ich achtete kaum darauf, ich blieb gern bei ihnen, nur um ihnen, ohne etwas zu begreifen, bis zu dem Moment zuzuhören, in dem ihre Stimmen fremd klangen, wie aus immer größerer Ferne, und ich undeutlich fühlte, daß man mich aufhob und forttrug...«

Genau links von den Stufen, die zu der breiten, zur Place Médicis führenden Allee hin ansteigen, unter dem Standbild einer Königin Frankreichs, neben dem riesigen, grün gestrichenen Kübel, in dem ein Orangenbaum wächst... und vor mir das runde Becken, auf dem die Schiffchen dahinsegeln, das Bassin, um das die mit rotem Samt ausgeschlagenen, von Ziegen gezogenen Wagen herumfahren... und an meinem Rücken die Wärme ihres Beins unter dem langen Rock... es gelingt mir nicht mehr, die Stimme zu hören, die sie damals hatte, ich erinnere mich jedoch noch an den Eindruck, daß sie weniger mir als vielmehr jemand anders etwas erzählt... wahrscheinlich eines jener Kindermärchen, die sie zu Hause in ihrer kräftigen Schrift, bei der die Buchstaben nicht miteinander verbunden sind, auf große Bogen schreibt... oder ist es vielleicht das Märchen, das sie gerade in ihrem Kopf gestaltet... die woandershin gerichteten Worte strömen hervor... ich kann sie, wenn ich will, aufgreifen, ich kann sie verklingen lassen, es wird nichts von mir verlangt, kein Blick versucht, in mich hineinzuschauen, um zu erkennen, ob ich aufmerksam zuhöre und es begreife... ich kann mich anderem hingeben, ich lasse mich von dem goldenen Licht durchdringen, von dem Gegirre, dem Gezwitscher, dem Geläute der Glöckchen am Kopf der Eselchen oder Ziegen, dem Geklingel der mit einem Stiel versehenen Reifen, den die Kleinen, die sie nicht mit einem Stock schlagen können, vor sich herschieben...

»Nimm's mir nicht übel, aber findest du nicht auch, daß du hier bei diesem Gegirre und Gezwitscher nicht umhin konntest, ein Stückchen Vorfabriziertes einzusetzen... es ist ja so verlockend... du hast einen hübschen, kleinen Übergang zustandegebracht, der ganz im Einklang steht mit...«

»Ja, ich habe mich vielleicht ein wenig gehen lassen...«

»Freilich, wie sollte man all dem Zauber widerstehen können... all dem hübschen Geklingel... dem Gegirre... dem Gepiepse...«

»Gut, du hast recht... aber was die Glöckchen und das Klingeln angeht, so muß ich dir widersprechen... ich höre sie nämlich... ebenso wie die Geräusche der Rasseln, das Geknatter der roten, rosa und violetten Zelluloidblumen, die sich im Winde drehen...«

Ich darf laufen, umherspringen, mich im Kreise drehen, ich habe viel Zeit... Unser Weg führt an der endlosen Mauer des Boulevard Port-Royal entlang... Erst wenn ich an der Querstraße ankomme, muß ich anhalten und die Hand reichen, um auf die andere Seite zu gehen... Ich verschaffe mir einen Vorsprung vor dem Kindermädchen, um schnell noch meine Lungen mit Luft füllen zu können, damit ich nicht den gräßlichen, bei mir sofort Übelkeit erregenden Geruch einzuatmen brauche, der von ihrem essiggetränkten Haar ausgeht. So werde ich ihr die Hand reichen können, als ob mich nichts störte und ohne sie womöglich zu kränken... es ist nicht einmal sicher, daß sie sich gekränkt fühlte, sie ist sehr lieb und sehr einfach, sie weiß, daß es nicht meine Schuld ist, wenn ich den Essiggeruch nicht ertragen kann, und es ist auch nicht ihre Schuld, wenn sie bei den Spaziergängen in der frischen Luft Kopfschmerzen bekommt, vor denen nur der Essig sie bewahrt... Es ist also vereinbart worden, daß ich einen ziemlich großen Abstand von ihr halten

darf, außer natürlich beim Überqueren der Straße...
Da kommt sie an, eine unförmige Masse, mit einem gräulichen Tuch auf dem Kopf, sie erreicht mich, sie streckt ihre Hand aus und ich lege meine Hand in ihre... meine Lungen sind voll Luft, ich brauche nicht zu atmen... ich atme nicht bis zu dem Moment, da wir den Fuß auf den Bürgersteig an der anderen Seite der Chaussee setzen... dort angekommen, lasse ich sofort ihre Hand los und mache mich davon... Wenn es unglücklicherweise vorkommt, daß meine Luft nicht für die lange Straßenüberquerung reicht, ist es ausgeschlossen, daß ich mir die Nase zuhalte... sie hat es mir jedoch erlaubt... aber es ist mir unmöglich... ich kann nur in winzigen Zügen, den Kopf abgewandt, einatmen, ohne ihn jedoch zu sehr abzuwenden, weil sie dann den in mir erzeugten Widerwillen ahnen könnte... der nicht durch sie erzeugt wird, nicht durch das, was sie ist, und keinesfalls durch das, was in ihr ist, sondern nur durch das, was manchmal unter ihrem ein wenig abstehenden Kopftuch erscheint, die glänzende, gelbliche Haut ihres Schädels zwischen den nassen Haarsträhnen.

Hinter dem Tor des Jardin du Luxembourg gibt es keine wohlüberlegten Straßenüberquerungen mehr, sie läßt sich dann auf einem Platz nicht weit vom Wasserbecken nieder, mit dem Rücken zur breiten, weißen Fassade... Ich kann nicht die Zeit auf der großen Uhr lesen, um zu erkennen, ob die Vesperstunde gekommen ist, aber ich beobachte die anderen Kinder, und sobald ich eins sehe, das etwas bekommt, eile ich zu ihr... sie hat mich kommen sehen, sie reicht mir meinen Riegel Schokolade und mein Milchbrötchen, ich nehme es, ich danke mit einem Kopfnicken und entferne mich...

»Um was zu tun?«

»Ah, versuch nicht, mir eine Falle zu stellen... Um irgend etwas zu tun, was alle Kinder tun, die spielen, laufen, ihre Segelschiffchen anstoßen, ihre Reifen vor sich hin treiben, die seilspringen, plötzlich innehalten und mit starrem Blick die anderen Kinder beobachten, die Leute, die auf den Steinbänken und Stühlen sitzen... sie bleiben mit offenem Mund vor ihnen stehen...«

»Vielleicht tatest du es mehr als andere, vielleicht anders...«

»Nein, das will ich nicht sagen... ich tat es genauso, wie viele Kinder es tun... und wahrscheinlich machte ich dabei die gleichen Feststellungen und stellte ähnliche Überlegungen an... jedenfalls ist mir nichts davon im Gedächtnis geblieben, und du wirst mich ganz bestimmt nicht dazu bringen, daß ich diese Lücke mit Flickwerk auszufüllen versuche.«

Außer diesem hell glänzenden, bebenden Luxembourg-Garten ist alles gleichsam grau verhüllt und sieht eigentlich langweilig aus, oder vielmehr etwas kümmerlich... aber nie traurig. Nicht einmal das, was ich vom Kindergarten behalten habe... ein kahler, von hohen, dunklen Mauern umgebener Hof, in dem wir im Gänsemarsch umherziehen, in schwarzen Kitteln und Holzpantinen.

Dort aber taucht plötzlich aus dem Nebel die jähe Gewalt des Terrors, des Schreckens auf... ich brülle, ich schlage um mich... was ist geschehen? was widerfährt mir?
›Deine Großmutter kommt dich besuchen‹... Mama hat es mir gesagt... Meine Großmutter? die Mutter von Papa? Ist das möglich? sie wird wirklich kommen? sie kommt doch nie, sie ist so weit weg... ich kann mich gar nicht mehr an sie erinnern, aber ich spüre ihr Dasein durch die liebevollen

Briefchen, die sie mir von drüben schickt, die Kästchen aus weichem Holz, in die hübsche Bilder eingeritzt sind, deren hohlen Formen man mit dem Finger folgen kann, die bemalten Holzschalen, die mit Lack bedeckt sind, der sich so glatt anfühlt... ›Wann kommt sie? Wann wird sie hier sein?‹ ... ›Morgen nachmittag... Du gehst morgen nicht spazieren...‹
Ich warte auf sie, ich spähe nach ihr aus, ich höre die Schritte im Treppenhaus, vor der Wohnungstür... da, sie ist es, es hat geklingelt, ich will ihr entgegeneilen, man hält mich zurück, warte, rühr dich nicht vom Fleck... die Tür meines Zimmers geht auf, ein Mann und eine Frau in weißen, langen Kitteln pakken mich, man setzt mich auf einen Schoß, man umklammert mich, ich schlage um mich, man drückt mir einen Wattebausch auf den Mund, auf die Nase, eine Maske, der etwas Gräßliches, Erstikkendes entströmt, das mich keine Luft mehr bekommen läßt, meine Lungen ausfüllt, mir in den Kopf steigt, sterben nennt man das, ich sterbe... Und dann lebe ich wieder, ich bin in meinem Bett, in meinem Hals brennt es, meine Tränen fließen, Mama wischt sie ab... »Mein Kätzchen, du mußtest operiert werden, verstehst du, man hat dir etwas aus dem Hals entfernt, das dir weh tat, es war nicht gut für dich... schlaf, jetzt ist es vorbei...«

»Wieviel Zeit hast du gebraucht, bis du dir sagtest, daß sie nie, es sei denn ganz zerstreut und unbeholfen, versuchte, sich an deine Stelle zu versetzen...«

»Ja, merkwürdigerweise gehörte diese Gleichgültigkeit, diese Ungeniertheit zu ihrem Zauber, sie bezauberte mich im eigentlichen Sinne dieses Wortes... Nie hat auch nur die geringste Äußerung anderer, so nachdrücklich sie auch gewesen sein mochte, in meinem Innern die Schlagkraft gehabt wie gewisse Äußerungen von ihr.«

»Wenn du einen Mast wie den da berührst, dann stirbst du...«

»Vielleicht hatte sie es nicht genau in dieser Form gesagt...«

»Mag sein... aber ich habe es so verstanden. Wenn du das berührst, dann stirbst du...«
Wir gehen irgendwo auf dem Lande spazieren, Mama geht langsam am Arm von Kolja... ich bleibe hinter ihnen vor einem Holzmast stehen... ›Wenn du ihn berührst, dann stirbst du‹, Mama hat das gesagt... Ich möchte ihn berühren, ich will es wissen, ich habe große Angst, ich will sehen, wie es sein wird, ich strecke die Hand aus, ich berühre mit meinem Finger das Holz des Telegraphenmastes... und sofort ist es soweit, es ist mir passiert, Mama wußte es, Mama weiß alles, das ist sicher, ich bin tot, ich renne brüllend hinter ihnen her, ich verstecke meinen Kopf in Mamas Rock, ich schreie aus Leibeskräften, ich bin tot... sie wissen es nicht, ich bin tot... Was hast du bloß? Ich bin tot, tot, tot, ich habe den Mast berührt, ja, es ist geschehen, das Furchtbare, das Furchtbarste, was es gibt, war in diesem Mast, ich habe ihn berührt, und es ist in mich übergegangen, es ist in mir, ich wälze mich auf der Erde herum, damit es aus mir verschwinde, ich schluchze, ich brülle, ich bin tot... sie nehmen mich in die Arme, sie schütteln mich, küssen mich... Ach was, du hast ja gar nichts... Ich habe den Mast berührt, Mama hat es gesagt... sie lacht, sie lachen beide, und das beruhigt mich...

›Bitte, Mama, sei so gut, schluck dies‹... Mama, die ihren Kneifer nicht aufhat, da sie ihn nur beim Lesen trägt, beugt sich ganz tief herunter, um zu sehen, was in dem Löffel ist, den ich ihr hinhalte... ›Es ist Staub, den ich für dich gesammelt habe, er ist gar nicht schmutzig, hab keine Angst, schluck ihn... Du hast es schon mal getan...‹

›Was erzählst du da nur? Du bist wohl verrückt...‹

›Nein. Du hast mir gesagt, daß ich so in deinem Bauch gewachsen bin... weil du Staub geschluckt hattest... schluck diesen auch noch, bitte, bitte, tu es mir zuliebe, ich möchte so gern ein Schwesterchen oder ein Brüderchen haben...‹

Mama scheint sich zu ärgern... ›Ich weiß nicht, was ich dir gesagt habe...‹

›Du hast es mir ausdrücklich gesagt. Und du hast auch gesagt, ich habe es dich sagen hören... du hast gesagt, daß du gerne noch ein Kind hättest... Tu es also, Mama, bitte, schluck das...‹

Mama drückt meine ausgestreckte Hand hinunter... ›Doch nicht solchen Staub...‹

›Sag mir dann... *welchen* Staub?‹

›Oh, ich weiß es nicht..‹

›Doch. Sag es...‹

›Es ist Staub, wie man ihn auf den Blumen findet...‹

›Auf den Blumen? Auf welchen Blumen?‹

›Ich weiß es nicht mehr.‹

›Denk doch mal nach, versuch, dich zu erinnern...‹

›Willst du wohl aufhören, mich mit deinen Fragen zu quälen... Du solltest lieber spielen wie alle Kinder, anstatt hinter mir herzulaufen, ohne etwas zu tun, dir fällt wohl nichts mehr ein, du siehst doch, daß ich beschäftigt bin...‹

Ich sitze neben Mama in einem geschlossenen Wagen, der von einem Pferd gezogen wird, wir fahren über eine holperige, staubige Landstraße. Ich halte ein französisches Kinderbuch möglichst nahe ans Wagenfenster, und trotz des Rumpelns versuche ich zu lesen, trotz der Zurechtweisungen Mamas: ›Hör jetzt auf, das reicht, du verdirbst dir die Augen...‹

Die Stadt, in die wir fahren, heißt Kamenez-Podolsk. Wir werden dort bei meinem Onkel Grischa Schatunowski, einem von Mamas Brüdern, der Rechtsanwalt ist, den Sommer verbringen.

Das, wohin wir fahren, das, was mich dort erwartet, ist in hohem Maße geeignet, ›schöne Kindheitserinnerungen‹ entstehen zu lassen... jene Erinnerungen, die von ihren Besitzern gewöhnlich mit einem gewissen Anflug von Stolz lang und breit erzählt werden. Und warum sollte man nicht stolz darauf sein, Eltern gehabt zu haben, die sich bemühten, einem solche Erinnerungen auszudenken, vorzubereiten, die in jeder Hinsicht den am meisten geschätzten und am höchsten bewerteten Modellen entsprechen? Ich gebe zu, daß ich ein wenig zögere...

»Das ist verständlich... eine Schönheit, die so sehr den Modellen gleicht... Aber, was soll's, da du nun einmal das Glück hast, ebenfalls solche Erinnerungen zu haben, darfst du dich wohl ein wenig gehen lassen, wenn schon, es ist ja so verlockend...«

»Aber sie waren nicht für mich bestimmt, sie waren mir nur geliehen worden, ich habe nur Teile davon genießen können...«

»Das hat sie vielleicht noch nachhaltiger gemacht... Nicht möglich, daß sie fade werden, daß man sich an sie gewöhnt...«

»Nein, das stimmt. Alles hat seine vortreffliche Vollkommenheit bewahrt: das weiträumige Familienhaus mit all seinen Winkeln und Treppchen... der ›Saal‹, wie man in den Häusern des alten Rußland sagte, mit einem Flügel, und überall Spiegel, glänzendes Parkett und an den Wänden mit weißen Überzügen versehene Stühle... Der lange Tisch des

Speisezimmers, an dessen beiden Enden, einander gegenüber, von weither miteinander sprechend, einander zulächelnd, der Vater und die Mutter zwischen ihren vier Kindern, zwei Jungen und zwei Mädchen, sitzen... Nach dem Dessert, wenn meine Tante den Kindern erlaubt, vom Tisch aufzustehen, nähern sie sich ihren Eltern, um ihnen zu danken, sie küssen ihnen die Hand und bekommen einen Kuß auf den Kopf oder auf die Wange... Ich nehme auch gern an dieser vergnüglichen Zeremonie teil.

Die Dienstboten sind, wie es sich gehört, freundlich, vertraulich und ergeben... Nichts fehlt... selbst die alte, sanfte, weiche ›Njanja‹ nicht, in ihrem Schal und ihren weiten Röcken... Sie gibt uns zur Vesperzeit leckere Weißbrotschnitten mit einer dicken Schicht Zuckerbrei... und der Kutscher, der sich im Sonnenschein auf der Holzbank wärmt, die am Mäuerchen im Hof steht, wo der Stall ist... es macht mir Spaß, ganz leise auf dieses Mäuerchen hinter ihm zu klettern und ihm die Augen zuzuhalten... ›Rat mal, wer ich bin‹... ›Ich weiß, daß du es bist, du kleine kesse Göre‹... ich schmiege mich an seinen breiten Rücken, schlinge die Arme um seinen Hals, schnuppere den köstlichen Geruch, der vom Leder seiner Weste, von seinem pomadisierten Haar und vom Schweiß ausgeht, der in feinen Tröpfchen auf seiner gegerbten, zerfurchten Haut perlt...

Und der Garten... und dahinter die mit hohen Gräsern bedeckte Wiese, wo wir immer spielen gehen, Lola, die jüngste meiner Kusinen, die in meinem Alter ist, ihr Bruder Petja und Kinder von Nachbarn, von Freunden... Wir pressen zwischen Daumen und Zeigefinger gelbliche, leere Schoten von ich weiß nicht mehr welcher Pflanze, um sie aufplatzen zu hören, wir halten zwischen beiden Daumen, fest- und flachgedrückt, ein scharfes Gras und blasen darauf, damit es fiept... Mit einem langen Schleier aus weißem Musselin auf dem Kopf, einem Kranz aus Gänseblümchen, den Njanja geflochten hat, als Gürtel und einem ganz glatten, noch etwas feuchten, grünlichen Stab in der Hand, der nach frisch entrindetem Holz riecht, gehe ich an der Spitze der Prozession, die einen großen, flachen, schwarzen Kern einer Wassermelone zu Grabe trägt. Er ruht in einem Schächtelchen auf einer Schicht Moos... wir begraben ihn gemäß den Anweisungen des Gärtners, wir besprengen ihn mit unserer Kindergießkanne, ich schwenke meinen Zauberstab über der Erde und spreche Beschwörungsformeln aus rauh klingenden, komischen Silben, die ich lange behalten habe und nicht mehr wiederfinden kann... Wir werden bis zu dem Tag nach dem Grab schauen, an dem wir vielleicht endlich das Glück haben werden, einen zarten, lebendigen Trieb aus dem Boden hervorsprießen zu sehen... In der Tiefe des Brunnens lebt unter seinem Rückenschild ein ganz kleines, aber sehr bösartiges Ungeheuer, sein Biß ist tödlich, wenn es herauskommt und auf der Allee herankrabbelt, besteht die Gefahr, daß man es nicht sieht, weil seine Farbe der des Sandes zum Verwechseln ähnlich ist...

Vom Gesicht meines Onkels habe ich nur eine Vorstellung von Feinheit, von etwas trauriger Sanftmut im Gedächtnis bewahrt... wir sehen ihn sehr selten, fast nur bei den Mahlzeiten... er arbeitet so viel.

Meine Tante sehe ich hingegen sehr gut, so wie sie war, als ich gern ihre silbernen Locken, ihren rosigen Teint und ihre Augen betrachtete... die einzigen blauen Augen mit einer wirklich violetten Nuance, die ich je gesehen habe... sogar die Lücke zwischen ihren beiden, ein wenig vorstehenden, schneeweißen Schneidezähnen erhöht noch ihren Charme. Es gibt etwas in ihrem Blick, an ihrer Kopfhaltung, was ihr eine gewisse Ausstrahlung verleiht... hochmütig ist das einzige Wort, das ich heute finde, um es zu bezeichnen... Mama sagt von Tante Anjuta, sie sei eine ›wahre Schönheit‹.

Sie hält eine große, runde Uhr in der Hand, sie legt einen Finger der anderen Hand auf das Zifferblatt und fragt mich: Wenn der große Zeiger da steht und der kleine hier... Weißt du das nicht? Denk mal gut nach... sag es ihr nicht vor, Lola... Ich denke angestrengt nach, ich fürchte, mich zu irren, ich flüstere zögernd eine Antwort, und sie zeigt ein breites Lächeln, sie ruft: Gut! sehr gut!

Wir, die Kleinsten, sitzen mit ihr in der großen, offenen Kutsche, die von zwei Pferden gezogen wird, wir fahren auf die andere Seite des Flusses, wo die Kaufhäuser sind, wo der hohe, weiße Turm emporragt, der ziemlich hoch oben von einem Balkon umgeben wird... Selbst von weitem, von unserem Ufer aus, sieht man eine Gestalt, die sich über die Balustrade beugt, sie gibt sonderbare Töne von sich, die Schreien, die Gesängen gleichen. Unsere Kutsche überquert die Furt des breiten Flusses, das Wasser überflutet das Trittbrett, es bedeckt beinahe die Brust der Pferde, aber man darf keine Angst haben, es kann uns nichts passieren, der Kutscher kennt den Weg genau... und endlich sind wir wieder auf festem Boden, die Pferde klettern auf das andere Ufer, wir fahren im Trott auf der weißen Landstraße dahin, wo die Konditorei ist und die Läden sind, in denen Bücher, Spielzeug oder Schuhe verkauft werden... Meine Tante schaut sich die Schuhe an, die ich an den Füßen habe, sie sind schon verschlissen, werden bald zu klein sein... Auch du brauchst andere Schuhe...

In dem sehr hellen, blau-weißen Zimmer meiner Tante stehen auf dem Frisiertischchen allerlei Fläschchen. Sie enthalten Parfüms, Kölnisch Wasser. Hier ist ein leeres, das sie in den Papierkorb werfen will, aber ich halte sie davon ab... ›Bitte, wirf es nicht weg, gib es mir...‹

Hier sind wir, das Fläschchen und ich, allein in meinem Zimmer. Ich drehe es behutsam in alle Richtungen, um seine abgerundeten Linien, seine glatten Oberflächen, seinen facettenartig geschliffenen Glasstopfen besser betrachten zu können... zuerst wollen wir mal entfernen, was dich häßlich macht... zunächst dieses scheußliche Band, das man dir um den Hals gebunden hat... und dann da, auf der Vorderseite, dieses dicke, gelbe, glänzende Etikett... ich hebe es an einem Ende an und ziehe... es geht leicht ab, aber es bleibt da eine weißliche, trockene, harte Schicht zurück, die ich aufweiche, indem ich sie mit einem Läppchen oder einem in das Wasser des Krugs getauchten Wattebausch naß mache, und sie löst sich in Form von winzigen Fusseln, die ich mit dem Finger abrubbele... aber alles ist noch nicht ab, es bleibt eine

feine Restschicht, die mit einem Taschenmesser abgeschabt werden muß, ohne dabei das Glas zu zerkratzen... Hier ist nun das Fläschchen, befreit von allem, was es verunzierte, nackt und fertig für die Reinigung. Ich fülle es mit Wasser, ich schüttele es, um es gut zu leeren, damit es nicht die geringste Spur von dem, was es enthielt, bewahrt, ich wasche es mit Seife und spüle es dann in der Waschschüssel ab. Danach trockne ich es mit meinem Handtuch ab, und wenn es ganz trocken ist, bringe ich es auf Hochglanz, indem ich es mit einem Zipfel meiner Bettdecke oder mit einer von meinen Wollsachen poliere. Dann erscheint es in seiner ganzen glänzenden Reinheit... Ich strecke es zum Fenster hin, um es ins Licht zu halten, ich nehme es mit in den Garten, damit die Sonne es glitzern läßt... abends betrachte ich es unter der Lampe... Nichts bedroht uns, keiner wird kommen, um es mir wegzunehmen, Lola beschäftigt sich nur mit ihren Puppen, Petja betrachtet es mit leerem Blick.
Ich habe nun mehrere, ganz verschiedene, aber jedes ist auf seine Weise wundervoll.
Eine auf meinem Kaminsims in einer Reihe aufgestellte Sammlung, an die – wie man mir versprochen hat – niemand rühren darf.
Wenn ich eins davon mitnehme, umwickele ich es mit etwas, es bleibt dann so eingepackt, ich will nicht, daß Blicke, daß leichtfertige Worte es treffen könnten.«

»Es ist merkwürdig, daß diese Flacon-Leidenschaft nach deiner Abreise sofort wieder verschwunden ist.«

»Das stimmt, ich habe keins davon mitgenommen. Vielleicht weil ich während der ganzen Zeit, in der ich krank gewesen war, nicht mehr damit gespielt hatte... es war eine jener harmlosen, aber ansteckenden Krankheiten... waren es die Windpocken? die Röteln? In meinem, durch einen großen Baum etwas verdunkelten Schlafraum mit einer Tür zu Mamas Zimmer, liege ich in meinem Bettchen hinten an der Wand, ich erkenne wieder, daß ich hohes Fieber habe, weil die Männlein da sind, die nie fehlen, wenn mein Körper und mein Kopf brennen, und die unablässig Sandsäcke leeren, der Sand rieselt und verbreitet sich überall, sie leeren mehr und mehr Säcke, ich weiß nicht, warum diese Sandhäufchen und die Rührigkeit der Zwerge mich so ängstigen, ich will sie hindern, ich will schreien, aber sie hören mich nicht, es gelingt mir nicht, richtige Schreie auszustoßen.
Als das Fieber vorbei ist, kann ich mich in meinem Bett hinsetzen... Ein von meiner Tante geschicktes Zimmermädchen bringt alles in Ordnung, macht mein Bett wieder, wäscht mich, kämmt mich, gibt mir zu trinken und füttert mich...

Mama ist auch da, aber ich sehe sie nur am Tisch sitzen, wo sie auf riesige weiße Bögen schreibt, die sie mit großen Ziffern numeriert, mit ihrer großen Schrift bedeckt und, sowie sie vollgeschrieben sind, auf den Boden wirft. Oder aber Mama sitzt in einem Sessel und liest...«

»Sei gerecht, es ist während dieser Krankheit schon mal vorgekommen, daß sie sich mit einem Buch an dein Bett setzte.«

»Das stimmt, und zwar nicht mit einem Buch von ihr, sondern mit einem von mir... ich sehe es jetzt vor mir, ich kannte es gut... es war eine Ausgabe für Kinder von *Onkel Toms Hütte.* Ein großes kartoniertes Buch, mit grau aussehenden Stichen illustriert. Auf einem von ihnen sah man Elisa, mit ihrem Kind im Arm von einer Eisscholle zur anderen springend. Auf einem anderen den sterbenden Onkel Tom und gegenüber, auf der anderen Seite, die Beschreibung seines Todes. Beide Seiten waren ein wenig gewellt, und einige Buchstaben waren verwischt... sie waren ja so oft von meinen Tränen durchtränkt worden...
Mama liest mir mit ihrer tiefen Stimme vor, ohne etwas besonders zu betonen... Die Worte erschallen laut und klar... manchmal habe ich den Eindruck,

daß sie nicht viel an das, was sie liest, denkt... wenn ich ihr sage, daß ich Schlaf habe oder müde bin, schließt sie das Buch sehr schnell, mir scheint dann, daß sie froh ist, aufhören zu können...«

»Fühltest du das damals wirklich?«

»Ich glaube ja, ich merkte es, aber ich habe sie keineswegs verurteilt... war es nicht selbstverständlich, daß ein Kinderbuch eine erwachsene Person, die lieber schwierige Bücher lesen wollte, nicht interessierte? Erst am Schluß der Krankheit, als ich aufstand, kurz bevor ich in den Garten hinunterging...«

»Hier enden die ›schönen Erinnerungen‹, die dich so mit Skrupeln erfüllten... sie entsprachen allzu sehr den Modellen...«

»Ja... es hat nicht lange gedauert, bis sie den Vorzug, nur sich selbst zu gleichen, wiedergewonnen hatten... Als ich auf meinen noch wackeligen Beinen in meinem Zimmer stand, habe ich durch die offene Tür gehört, wie Mama zu ich weiß nicht wem sagte: ›Wenn ich bedenke, daß ich hier die ganze Zeit mit Natascha eingeschlossen war, ohne daß irgend jemand daran gedacht hat, mich bei ihr abzulösen.‹ Aber das, was ich in dem Moment empfunden habe, war bald wie weggefegt...«

»Hat sich dir eingeprägt, solltest du sagen...«

»Mag sein... so tief jedenfalls, daß ich nichts davon an der Oberfläche sehen kann. Es genügte eine Geste, ein Kosewort von Mama, oder daß ich sie nur in einem Sessel sitzend lesen und aufblicken sah, ihre überraschte Miene, wenn ich mich ihr näherte und zu ihr sprach, sie schaute mich durch ihren Kneifer an, die Gläser vergrößerten ihre goldbraunen Augen, sie schienen riesengroß, voller Einfalt, Unschuld und Gutmütigkeit zu sein... und ich schmiegte mich an sie, ich drückte meine Lippen auf die feine, seidige, so sanfte Haut ihrer Stirn, ihrer Wangen.

Wie bei plötzlich aufklarendem Wetter taucht aus einem silbernen Nebel stets die gleiche, mit einer dicken Schicht ganz weißen Schnees bedeckte Straße ohne die geringste Spur von Schlitten oder Rädern auf, wo ich an einem Zaun entlanggehe, der höher ist als ich und aus ganz schmalen, oben spitzen Latten besteht...«

»Es ist genau das, was ich dir vorhergesagt hatte: stets das gleiche, unverwechselbare, ein für allemal eingeprägte Bild.«

»Das stimmt. Und hier nun ein anderes, das immer wieder erscheint, wenn bloß der Name Iwanowo erklingt... das Bild eines langen Holzhauses mit einer von zahlreichen Fenstern durchbrochenen Fassade, die oben alle, wie Spitzenborten, kleine Schutzblenden aus geschnitztem Holz haben... die riesigen Eiszapfen, die in Trauben vom Dach herabhängen, glitzern in der Sonne... der Hof vor dem Haus ist schneebedeckt... Nicht das geringste ändert sich von einem zum anderen Mal. Ich mag noch so lange suchen, wie beim ›Fehler entdecken‹, ich finde nicht die mindeste Veränderung.«

»Ah, siehst du wohl...«

»Ja... aber ich kann dem nicht widerstehen, ich möchte dieses unwandelbare Bild betasten, ich möchte es streicheln, es mit Wörtern durchdringen, aber nicht zu ungestüm, ich habe solche Angst, es zu zerstören... Sie sollen wieder herkommen, sich wieder einstellen... im Haus, in dem großen Zimmer mit den ganz weißen Wänden... das glänzende Parkett ist mit bunten Teppichen bedeckt... die Sofas und Sessel haben Überzüge aus geblümten Baumwollstoffen... große Kübel enthalten allerlei Grünpflanzen... in den Fenstern liegt zwischen den Doppelscheiben eine Schicht weißer Watte, die mit Silberflitter überstreut ist. Kein Haus auf der Welt ist mir jemals schöner erschienen als dieses. Ein richtiges Haus aus einem Weihnachtsmärchen... und das obendrein noch mein Geburtshaus ist.«

»Und doch hindert irgend etwas es daran, zu den ›schönen Kindheitserinnerungen‹ gezählt zu werden, wie es dem Hause deines Onkels gebührte.«

»Ich weiß es wohl: es ist die Abwesenheit meiner Mutter. Nie taucht sie dort auch nur eine Sekunde lang auf.«

»Sie wäre dort aufgetaucht, wenn du zu denjenigen gehörtest, welche die Gabe haben, sehr weit zurückliegende Erinnerungen zu bewahren... es fehlt nicht viel daran, daß die Erinnerungen einiger bis zu ihrer Geburt zurückreichen...«

»Ja, aber ich habe dieses Glück nicht... nichts ist von dem, was vor meiner Abreise aus Iwanowo mit zwei Jahren geschehen ist, übriggeblieben, auch nichts von dieser Abreise selbst, weder von meinem Vater, noch von meiner Mutter, noch von Kolja, mit dem wir, meine Mutter und ich, wie ich später erfuhr, zuerst nach Genf gereist sind, und dann nach Paris.«

Aber nicht nur meine Mutter ist in diesem Haus nicht anwesend. Von allen, die sich dort befunden haben mußten, wenn ich dann und wann für einen oder zwei Monate dorthin zurückkehrte, sehe ich nur meinen Vater... seine aufrechte, schmale Gestalt, die immer etwas gespannt wirkte... Er sitzt auf dem Rand eines Sofas und ich auf seinen Knien, mit dem Gesicht zu den hohen, von oben bis unten mit weißen Vorhängen versehenen Fenstern... Er lehrt mich, sie zu zählen... ist das möglich? ich erinnere mich jedenfalls ganz deutlich daran... ich zähle bis zehn, plus eins, das letzte, macht elf...

Ich stehe vor ihm, zwischen seinen gespreizten Beinen, meine Schultern reichen bis zu seinen Knien... ich zähle die Wochentage auf... Montag, Dienstag, Mittwoch, Donnerstag, Freitag, Samstag, Sonntag... und dann, Montag, Dienstag... ›Das genügt nun, du kannst sie...‹ – ›Aber was kommt danach?‹ – ›Danach fängt alles wieder von vorne an...‹ – ›Immer in der gleichen Weise? Bis wann denn?‹ – ›Immer.‹ – ›Sogar wenn ich es immer wieder wiederhole? Wenn ich es den ganzen Tag lang aufsage? Wenn ich es die ganze Nacht lang aufsage? Kommt das dann immer wieder, Montag,

Dienstag, immer?‹ – ›Immer, mein Dummerchen...‹ seine Hand gleitet über meinen Kopf, ich spüre, daß etwas in ihm erstrahlt, was er verschlossen hält, was er zurückhält, er mag es nicht zeigen, aber es ist da, ich fühle es, es ist in seine schnell zurückgezogene Hand gedrungen, in seine Augen, in seine Stimme, die das Diminutiv ausspricht, das er allein von meinem Vornamen ableitet: Taschock oder das Diminutiv dieses Diminutivs: Taschotscheck... und auch diesen komischen Namen, den er mir gibt: Pigalitza... als ich ihn frage, was das ist, sagt er mir, es sei der Name eines Vögelchens.

Ich liebe es, mit der Hand über seine mageren, etwas rauhen Wangen zu streichen, die Haut zwischen meine Finger zu klemmen, um sie anzuheben, seinen Nacken zu kitzeln... er stößt mich freundlich zurück... und auch manchmal, wenn er nicht darauf gefaßt ist, ihm einen dicken Kuß in die Ohrmuschel zu geben und zu sehen, wie er, als wäre er taub geworden, einen Finger da hineinsteckt, mit dem er im Ohr bohrt, während er den Kopf schüttelt... und so tut, als ärgere er sich... ›Was für ein dummes Spiel...‹

Er spricht oft französisch mit mir... ich finde, daß er sehr gut französisch spricht, da sind nur seine »r's«, die er rollt, ich will es ihm richtig beibringen... Hör mal, wenn ich Paris sage... hör gut zu, Paris... sag es nun wie ich... Paris... aber nein, das ist nicht richtig... er spricht mir ganz komisch nach, wobei er absichtlich übertreibt, als ob er sich die Kehle aufrauhte... Parrris... Er zahlt mir mit gleicher Münze heim, indem er mir beibringt, das russische »r« richtig auszusprechen, ich muß das hochgestreckte Ende meiner Zunge gegen den Gaumen drücken und es dann ausbreiten... aber ich mag es noch so eifrig versuchen... Ah, siehst du wohl, nun bist du es, die es nicht fertigbringt... und wir lachen, wir machen uns gern so übereinander lustig...

Mein Vater allein bleibt überall gegenwärtig. Mir scheint nun, daß die Dinge um uns herum von unsichtbaren Wesen gelenkt werden.
Ein Löffel kreist vorsichtig am Tellerrand, wo es nicht so heiß ist, und nimmt den köstlichen Milchgriesbrei auf, der ein großes Rund in meinem Teller ausfüllt... der Löffel hebt sich bis an meinen Mund, damit ich blase...

Ein Löffel voll Erdbeermarmelade nähert sich meinen Lippen... ich wende den Kopf ab, ich will nichts mehr davon... sie schmeckt scheußlich, ich erkenne sie nicht... was ist mit ihr passiert? in ihren gewohnten guten Geschmack hat sich etwas eingeschlichen... etwas Abstoßendes verbirgt sich darin... es ekelt mich vor ihr, ›Ich mag sie nicht, es ist keine echte Erdbeermarmelade.‹ – ›Aber ja, was soll das, du siehst doch, daß es Erdbeermarmelade ist‹... Ich schaue mir sehr aufmerksam die auf dem Boden der Untertasse ausgebreitete dünne Schicht Marmelade an... die Erdbeeren sehen genauso aus wie die, die ich kenne, sie sind nur etwas blasser, nicht so rot oder dunkelrosa, aber es gibt auf ihnen, zwischen ihnen, irgendwie verdächtige, weißliche Streifen... ›Nein, sehen Sie mal, es ist etwas darin...‹ – ›Da ist nichts, das scheint nur so...‹ Als mein Vater wiederkommt, erzähle ich ihm, daß ich nichts von dieser Marmelade haben wollte... sie ist schlecht, ich habe sie mir genau angesehen, es waren weißliche Streifen darin, weiße Pünktchen, sie schmeckte eklig... Es ist keine Erdbeermarmelade... Er beobachtet mich, er zögert einen Moment und sagt: ›Es war wirklich Erdbeermarmelade, aber das, was dir daran auffiel, war ein wenig Abführpulver. Man hatte es darunter gemischt, man hoffte, du würdest nichts merken, ich weiß, daß du Abführpulver nicht magst, aber du mußt es unbedingt einnehmen...‹

Der recht beunruhigende Eindruck von heimlich untergemischtem ekelerregendem Zeug, das sich unter dem Anschein von etwas Köstlichem verbirgt, ist nicht verschwunden, ich erinnere mich sogar manchmal heute noch daran, wenn ich einen Löffel Erdbeermarmelade in den Mund stecke.

Mein Vater hat für mich im Hof vor dem Haus einen kleinen Schneeberg anhäufen lassen, der fest zusammengedrückt wurde. Ich klettere über seinen sanften Hang hinauf und gleite auf seinem steilen Hang mit meinem Schlitten hinab... ich klettere wieder hinauf und gleite wieder hinab, ohne müde zu werden, mein Gesicht brennt, eine Art Dampf kommt aus meinen Nasenlöchern, aus meinem Mund hervor, mein ganzes Wesen atmet die Luft der großen Kälte.

Ich habe ein breites, gebundenes Buch bekommen, das ganz dünn ist und in dem ich gern herumblättere, ich höre gern zu, wenn man mir vorliest, was auf der Seite gegenüber den Bildern geschrieben steht... aber Vorsicht, bald kommt das Bild, vor dem ich Angst habe, es ist schrecklich... ein ganz magerer Mann mit langer, spitzer Nase und einem hellgrünen Anzug mit flatternden Rockschößen fuchtelt mit einer geöffneten Schere herum, er wird in das Fleisch schneiden, es wird Blut fließen... ›Ich kann es nicht anschauen, es muß verschwinden...‹ – ›Möchtest du, daß die Seite herausgerissen wird?‹ – ›Das wäre schade, es ist ein so schönes Buch.‹ – ›Nun ja, dann werden wir dieses Bild unsichtbar machen... Wir werden die Seiten zusammenkleben.‹ Jetzt sehe ich es nicht mehr, aber ich weiß, daß es immer noch da eingesperrt ist... da, jetzt kommt es, hier versteckt, wo die Seite dicker ist... man muß ganz schnell umblättern, man muß darüber hinwegsehen, bevor es sich in mir festsetzen, sich in mir einprägen kann... es deutet sich schon an, die ins Fleisch schneidende Schere, die dicken Tropfen Blut... aber es ist geschafft, es ist überwunden, es ist hinter dem folgenden Bild verschwunden.

Bei den Zeichnungen meines Lieblingsbuches *Max und Moritz* mit seinen so lustigen Versen, die ich auswendig kann und gern aufsage, ist keine, vor der ich je Angst habe, selbst dann nicht, wenn ich die beiden auf einem Backblech zusammengeschnürten Schlingel sehe, die bereitliegen, um in den Ofen geschoben und wie zwei Spanferkelchen gebraten zu werden...

»Ist es sicher, daß sich dieses Bild in *Max und Moritz* befindet? Wäre es nicht besser, das zu überprüfen?«

»Nein, wozu? Sicher ist, daß dieses Bild mit diesem Buch verbunden geblieben ist, und daß das Gefühl einer Befürchtung, die es in mir auslöste, einer Angst, die keine echte Angst, sondern nur eine komische Angst, eine Angst zum Spaß war, mir ganz bewußt geblieben ist.«

Man befreit eine große Pappschachtel von ihrer Verpackung aus braunem Packpapier, man nimmt den Deckel ab und das Seidenpapier, und man entdeckt eine darin liegende, riesige Puppe mit geschlossenen Augen... sie hat braune Locken, ihre Lider sind von langen, dicken Wimpern gesäumt... sie ist es, ich erkenne sie wieder, es ist die Puppe, die ich in Paris in einem großen erleuchteten Schaufenster gesehen hatte, ich hatte sie so lange betrachtet... Sie saß in einem Sessel und zu ihren Füßen lag ein Pappschild, auf dem geschrieben stand, sie könne sprechen... Sie wird behutsam aus der Schachtel genommen... wenn man sie anhebt, öffnen sich ihre Augen... wenn sie den Kopf hin und her dreht, entsteht in ihr ein Geräusch... ›Hörst du, sie spricht, sie sagt Papa, Mama...‹ – ›Ja, man könnte sagen, daß sie das sagt... aber was kann sie sonst noch sagen?‹ – ›Sie ist zu klein, es ist schon gut, daß sie das wenigstens sagen kann... Hab also keine Angst, nimm sie in die Arme.‹

Ich nehme sie vorsichtig und lege sie auf das Sofa, um sie besser zu sehen... Man muß schon sagen, sie ist sehr schön... sie hat ein Kleid aus weißem Tüll, einen Gürtel aus blauem Satin, blaue Schuhe und Strümpfe und eine große blaue Schleife im Haar... ›Kann man sie ausziehen?‹... – ›Natürlich... man kann sogar andere Kleider für sie nähen... dann wirst du sie umziehen können, du wirst sie anziehen können, wie du willst...‹ – ›Ja, ich bin froh...‹ ich küsse Papa ganz fest... ›Na, ist es auch die Puppe, die du haben wolltest?‹ – ›Ja, genau die ist es...‹ Man läßt mich mit der Puppe allein, damit wir uns besser kennenlernen. Ich bleibe bei ihr, ich lege sie schlafen, ich lasse sie aufstehen, ich lasse sie den Kopf hin und her drehen und Papa Mama sagen. Aber ich fühle mich nicht ganz wohl mit ihr. Und mit der Zeit wird es auch nicht besser. Ich habe nie Lust, mit ihr zu spielen... sie ist ganz hart, zu glatt, sie macht stets die gleichen Bewegungen, man kann sie sich nur bewegen lassen, indem man auf die gleiche Weise ihre Beine und die etwas angewinkelten Arme hebt und senkt, die durch Gelenke mit ihrem steifen Körper verbunden sind. Ich ziehe ihr die alten Kleiepuppen vor, die ich seit langem habe, nicht, daß ich sie so gerne hätte, aber man kann mit ihren etwas schlaffen, gelenkigen Körpern machen, was man will, man kann sie an sich drücken, sie befummeln, sie wegschmeißen...

Es gibt nur einen, der mir wirklich nahesteht, es ist Mischka, mein seidiger, warmer, süßer, weicher Plüschbär, der ganz von familiärer Zärtlichkeit durchdrungen ist. Er schläft immer mit mir, sein Kopf mit dem goldglänzenden Fell, mit den steifen Ohren liegt neben mir auf dem Kissen, seine gute, runde Nase mit den schwarzen Löchern und seine glänzenden Äuglein lugen über dem Laken hervor... ich könnte nicht einschlafen, wenn ich ihn nicht neben mir spürte, ich gehe nie ohne ihn weg, er begleitet mich immer auf meinen Reisen.

Man hat mich mitgenommen, um Papa aus seiner ›Fabrik‹, wo er den ganzen Tag arbeitet, abzuholen... Ich gehe über einen großen, schlammigen Hof und dann durch einen Barackenbau mit Lehmboden, man muß über Rinnsale und Lachen blauer, gelber und roter Flüssigkeit springen... man sieht zwischen den Tonnen und Karren bemützte, bärtige Männer in hohen Stiefeln herumlaufen... der

Geruch hier ist nicht so ekelhaft wie der von Essig, aber er ist so unangenehm, scharf und sauer, daß ich ihn lieber so wenig wie möglich einatme... Ich gehe in einen langen, sehr hell erleuchteten Raum, wo auf mehreren langen Tischen nebeneinander in Holzständern Reagenzgläser mit Pulvern der gleichen grellen Farbe stehen wie in den Rinnsalen auf dem Hof: rote, blaue und gelbe... Flüssigkeiten mit der gleichen, schönen Farbe werden in über Flämmchen hängenden Retorten erhitzt... Papa steht an einem der Tische, er hat einen langen, weißen Kittel an, er hält eine Retorte in der Hand, er schwenkt sie langsam über der Flamme hin und her, und dann hebt er sie in die Höhe und betrachtet sie aufmerksam im Licht. Er stellt sie wieder auf ihren Ständer, er bückt sich, nimmt mich in die Arme, küßt mich und führt mich in einen Raum nebenan, wo er mich oben auf einen Stapel dicker Bücher in seinen Sessel vor seinem Schreibtisch setzt. Er gibt mir einen großen Rechenschieber mit Kugeln und sagt: ›Hier, spiel damit... ich bin bald fertig.‹ Ich lasse die Kugeln aus gelbem und schwarzem Holz an den Metallstangen, wo sie aufgereiht sind, hin- und hergleiten, aber das ist nicht lustig, ich kann nicht damit spielen... ich sehne mich danach, daß Papa zurückkommt... da ist er wieder, er hat seinen Kittel ausgezogen, er trägt seinen schwarzen Pelzrock und hat die Pelzmütze auf, er sieht zufrieden aus... ›Siehst du wohl, es hat nicht sehr lange gedauert.‹

Hier ist er nun auf einem großen verschneiten Platz, ich weiß, daß es ein Platz in Moskau ist, er kommt aus einer großen Zuckerbäckerei, die Arme voll von in weißes Papier gewickelten und mit Bändern verzierten Paketen... Er gefällt mir so... mit dem lässig offenen Fischotterkragen seines Pelzmantels, so daß man seinen hohen, weißen Stehkragen sehen kann, und mit seiner ein wenig nach hinten geschobenen Pelzmütze... er lächelt, ich weiß nicht warum... in seinem lebhaften Gesicht, von dem etwas ausgeht, das noch stärker wirkt als sonst, glänzt die helle, regelmäßige, ganz weiße Reihe seiner Zähne.

Er nähert sich dem Schlitten, wo ich bis zu den Augen eingemummelt und durch einen Lederschurz geschützt auf ihn warte... er hakt an einer Seite nur den Schurz aus, legt die Pakete unter meine Füße, rutscht hinter dem riesigen Rücken des Kutschers, der mit einem dicken Umhang bekleidet ist, an mich heran.

Wir sind in der Wohnung meines Vaters in Moskau. Ein großer Weihnachtsbaum steht in der Mitte eines der Zimmer. Diesmal kann ich vage eine hübsche, junge, blonde Frau erkennen, die gern lacht und spielt... Ich reiche ihr allerlei Päckchen, Dinge oder Spielsachen, die beim Baum auf dem Boden liegen, vergoldete Nüsse, ganz kleine Krim-Äpfelchen, und sie bindet sie mit roten Bändchen und mit Gold- und Silberfäden an die Zweige.

Und in der Diele der Wohnung sitzen Kinder, unsere Gäste, die nach dem Fest wieder heimkehren... man zieht ihnen die Schuhe aus, man sucht überall, unter den Bänken, man findet die Filzstiefel und zieht sie über ihre ausgestreckten Beine.

Ich liege in meinem, in der gleichen Wohnung für mich eingerichteten kleinen Schlafzimmer im Bett, es steht an einer Wand, die mit einer Strohmatte bedeckt ist, auf die Muster gestickt sind. Ich lege mich immer ihr zugewandt hin, ich streichle mit dem Finger gern ihr glattes Geflecht und betrachte gern ihre feine, goldne Farbe, den seidigen Glanz ihrer Vögel, Sträucher und Blumen... Hier habe ich, ohne zu wissen warum, Angst, wenn ich abends allein im Zimmer bin, und Papa hat sich bereiterklärt, bei mir zu bleiben, bis ich einschlafe... Er sitzt auf einem Stuhl hinter mir und singt mir ein altes Wiegenlied... seine tiefe Stimme ist unsicher, beinahe etwas heiser... er kann nicht gut singen, und diese Unbeholfenheit erhöht noch die rührende Wirkung seines Gesangs... ich höre es heute so genau, daß ich ihn nachahmen kann, und ich gestehe, daß ich es hin und wieder tue... in diesem Wiegenlied hat er die Wörter ›Mein Kindchen‹ durch die Verkleinerungsform meines Vornamens ersetzt, welche die gleiche Silbenzahl hat: Taschotscheck... Allmählich schlummere ich ein, seine Stimme erklingt aus immer weiterer Ferne... und dann höre ich hinter mir das leise Geräusch seines Stuhls, er wird wohl gerade aufstehen, er glaubt, daß ich schlafe, er will gehen... und sofort schiebe ich von unter der Decke eine Hand hervor, um ihm zu zeigen, daß ich immer noch wach bin... oder ich höre das Knarren des Parketts unter seinen langsamen, vorsichtigen Schritten... er wird ganz sachte die Tür ein wenig öffnen... dann hüstele ich oder gebe ein Knurren von mir... aber ich sage nichts, das könnte mich wieder ganz wach machen, und ich möchte schlafen, ich möchte, daß er weggehen kann, es ist mir unangenehm, ihn aufzuhalten...

»Wirklich? Glaubst du nicht, daß, als du ihn hinter deinem Rücken spürtest, wie er da mit auf dich geheftetem Blick immer leiser vor sich hinsang und sich auf Zehenspitzen zur Tür begab, sich auf der Schwelle ein letztes Mal umschaute, um dich zu beobachten, um sich zu vergewissern, daß du nichts ahntest, und dann die Tür öffnete, sie mit größter Vorsicht wieder schloß und, endlich befreit, die

Flucht ergriff... glaubst du nicht, daß das, was dich eine Hand hervorschieben, hüsteln oder knurren ließ, eigentlich der Wunsch war, zu verhindern, was sich da anbahnte, was kommen würde und was dir schon als ein heimtückischer Verrat, als eine Preisgabe vorkam?«

»Ich lasse gelten, daß alles zusammengekommen zu sein schien, damit das in mir entstand... Aber ich versuche, mich wieder in das Bettchen dort zu versetzen und zu hören, wie mein Vater sich erhebt und auf die Türe zu geht... ich schiebe meine Hand hervor, ich gebe ein Knurren von mir... nein, noch nicht, geh noch nicht, ich werde Angst bekommen, du hast es mir versprochen, es war abgemacht, daß du solange bei mir bleiben würdest, wie ich noch nicht eingeschlafen wäre, ich tue, was ich kann, es wird mir gelingen, du wirst sehen, ich darf nicht sprechen, mich nicht zu sehr hin- und herbewegen, ich will dich, da es so abgemacht war, nur darauf hinweisen, daß wir einen Vertrag geschlossen haben, ich weiß, daß du ihn respektieren willst, und ich auch, siehst du, ich respektiere ihn, ich gebe dir nur zu bedenken... du willst nicht, daß ich Angst habe... bleib noch ein wenig, ich fühle, daß der Schlaf kommt, dann wird alles sehr gut für mich sein, ich werde nichts mehr merken, und du kannst mich ruhig alleinlassen und weggehen...«

Die Kutsche hält vor der Freitreppe eines großen Holzhauses, Papa befreit mich von den Decken, in denen ich stecke, er nimmt mich in die Arme, ich bin ganz klein, ich habe meinen weißen Samtmantel an, der so schön ist, daß man sagt, ich sei darin eine ›richtige Puppe‹, er trägt mich, indem er sehr schnell die Stufen hinaufsteigt, er legt mich in die Arme meines Großvaters und meiner Großmutter, die beide vor der Tür stehen, in ihren langen weißen Nachthemden... Papa spricht zornig mit ihnen... ›Ich hatte euch doch gesagt, ich hatte euch darum gebeten, nicht aufzustehen, das ist ja ein Wahnsinn...‹

Ich bin durch den scharfen Ton ihnen gegenüber derart schockiert, daß ich regungslos verharre, ich antworte auf ihre Küsse und ihre zärtlichen Worte nicht so, wie ich wohl möchte. Sie scheinen Papa nichts übelzunehmen... Vielleicht sind sie zu schwach, um sich zu wehren, sie sind ja so sanft, so alt... wie hat er sich nur so aufregen, so barsch zu ihnen sprechen können? Sobald wir allein sind, frage ich es ihn... ›Du sahst so böse aus...‹ – ›Ach was, du bist ja dumm, ich hatte Angst, daß sie sich erkälteten... Um sieben Uhr morgens! Im Nachthemd! Sie hätten in ihrem Bett warten können, ich hatte ihnen geschrieben...‹ – ›Aber du brauchtest es ihnen doch nicht so böse zu sagen...‹ – ›Aber nein, es war nicht böse...‹ – ›Du hast geschrien...‹ – ›Damit sie schnell wieder reingingen, sie können nicht gut hören... Ich wollte nicht, daß sie sich erkälteten...‹ – ›Wissen sie denn, daß es deswegen geschah?‹ – ›Natürlich wissen sie es. Du solltest besser an etwas anderes denken...‹

Und das hätte ich auch besser getan. Ich hätte dann vielleicht noch ein paar andere Momente dieses einzigen Aufenthalts bei meinen Großeltern in meinem Gedächtnis bewahren können... aber es ist so, als ob dieser von so viel Heftigkeit zeugende Moment sofort alles andere verdrängt hätte, er allein ist übriggeblieben.

Ich gehe mit meinem Vater spazieren... oder, besser, er führt mich spazieren, wie er es jeden Tag tut, wenn er nach Paris kommt. Ich weiß nicht mehr, wie ich wieder zu ihm gekommen bin... jemand hat mich in sein Hotel oder an einen vereinbarten Ort bringen müssen... es ist ausgeschlossen, daß er mich in der Rue Flatters abgeholt hat... ich habe sie nie gesehen, ich kann mir sie nicht vorstellen, wie sie einander begegnen, er und meine Mutter...
Wir sind durch das Tor des Jardin du Luxembourg gegenüber dem Senatsgebäude hereingekommen und gehen nun nach links, wo die Puppenspiele, die Schaukeln und die Karussells sind...
Alles ist grau, die Luft, der Himmel, die Alleen, die weiten, leeren Flächen und die kahlen Äste der Bäume. Mir scheint, daß wir schweigen. Jedenfalls sind von den Worten, die vielleicht gesagt wurden, nur diese übriggeblieben, die ich noch ganz deutlich höre: ›Liebst du mich, Papa?...‹ wobei nichts Ängstliches in meinem Ton mitklang, sondern eher etwas, was schelmisch klingen sollte... es ist nicht

möglich, daß ich ihm diese Frage mit ernster Miene stellte, daß ich die Worte ›Liebst du mich‹ anders als zum Spaß sagte... er verabscheute solche Wörter allzu sehr, und aus dem Munde eines Kindes...

»Fühltest du das wirklich schon in diesem Alter?«

»Ja, genauso stark, viellcicht noch stärker als ich es jetzt gespürt hätte... es sind Dinge, die Kinder noch besser wahrnehmen als Erwachsene.«
Ich wußte, daß diese Wörter ›du liebst mich‹, ›ich liebe dich‹ zu denjenigen gehörten, die ihn in sich zusammenziehen lassen würden, die das zurückweichen, sich noch tiefer in ihm verkriechen lassen würden, was darin verborgen war... Und sein Schmollmund, seine Stimme verraten tatsächlich Mißbilligung... ›Warum fragst du mich das?‹ Und wieder ein klein wenig lustig... weil ich es lustig finde und auch, um zu vermeiden, daß er mich mit unzufriedener Miene und den Worten ›Rede doch kein dummes Zeug‹ von sich weist, frage ich hartnäckig: ›Liebst du mich denn, sag es mir.‹ – ›Du weißt es doch...‹ – ›Ich möchte aber, daß du es mir sagst. Sag es, Papa, liebst du mich oder nicht?‹... diesmal in einem drohenden, feierlichen Ton, der ihn das, was folgen wird, erahnen läßt und ihn veranlaßt, nur zum Spiel, nur zum Spaß die lächerli-

chen, unschicklichen Wörter hinausschlüpfen zu lassen: ›Ja, gewiß, mein Dummerchen, *ich liebe dich*.‹

Dann wird er dafür belohnt, daß er geruhte, bei meinem Spiel mitzuspielen... ›Da du mich also liebst, schenk mir dann...‹ siehst du, ich habe keinen Augenblick daran gedacht, dich zu nötigen, dich mir ganz anzuvertrauen, vor mir auszubreiten, was dich erfüllt, was du zurückhältst, was du nur in kleinen Fetzen, in Bruchstücken dir zu entweichen erlaubst, du wirst ein ganz klein wenig davon hervorkommen lassen können... ›Schenk mir dann einen von den Luftballons...‹ – ›Wo siehst du denn welche?‹ – ›Da drüben... es gibt welche an dem Kiosk dort...‹

Und ich bin zufrieden, ich habe ihn ein wenig necken und dann beruhigen können... und ich bekam dieses Pfand, diese hübsche Trophäe, die ich mitnehme, die ganz blau und glänzend, von einem langen, an meinem Handgelenk festgebundenen Faden gehalten, über meinem Kopf schwebt.

Ich bin nun groß genug, daß man mich nicht mehr in einen Wagen setzt, ich darf mich rittlings auf diesen gelben Löwen oder besser auf dieses rosa Schwein setzen... oder aber nein, auf diese schöne, weiße Giraffe... Ich umklammere mit meiner linken Hand den Kupferschaft, an dem ich durch einen um meine Taille gelegten Gürtel festgebunden bin, und ich halte in meiner rechten Hand den glatten, runden Holzgriff, in dem eine lange Metallstange steckt...

Die Musik beginnt zu spielen, wir fahren los... man muß sehr darauf achten, daß man die ausgestreckte Stange in die richtige Richtung hält, wir werden in wenigen Augenblicken an dem Ring vorbeisausen... da hängt er schon in der Luft und baumelt ein wenig... er kommt näher... ich bin dicht daran, jetzt oder nie... ich strecke die Stange nach ihm aus, ich ziele geradeaus, genau in die Mitte... es ist soweit, ich höre ein metallisches Geräusch, aber es ist nur das Klicken, das entstand, als die Stange an den Ring stieß, sie hat sich nicht im

Ring eingehakt, der schon nicht mehr zu sehen ist, wir drehen uns weiter im Kreis... wenn schon, ich mach es noch einmal... Und bei der nächsten Runde, das gleiche...

»Versuch doch, dich zu erinnern... es muß immerhin manchmal vorgekommen sein, daß...«

»Ja, gewiß, denn ich erinnere mich an die zwei oder drei Ringe, die ich beim Verlassen des Karussells auf die Kassentheke legte... Aber was bedeutet das, wenn andere, genauso kleine Kinder wie ich, und sogar noch kleinere, sie so gut loshaken können... Am Ende der Runden bedecken die Ringe, die sie aufzureihen vermochten, beinahe die ganze Stange... Ich nehme das Bonbon, das man mir trotzdem gibt, ich höre mir die Tröstungen, die Ratschläge der großen Leute an... ›Sieh mal, du bist ganz verkrampft, das ist nicht richtig, hast du gesehen, wie die anderen Kinder es machen... sie amüsieren sich dabei...‹ Ja, ich möchte es gerne so können wie sie, es so geschickt, so leicht schaffen wie sie, so gelassen... Warum kann ich das eigentlich nicht? Aber was macht das schon?... es ist wahr, was soll's?... Aber, mag sein, daß beim nächsten Mal... wenn es mir gelingt, es richtig anzufangen...

Wenn ich von weitem das grüne Gitter rund um das Karussell und seine bunten Gestalten sehe, die vorbeigleiten, es dreht sich, ich höre seine leiernde Musik, dann habe ich Lust, hinzulaufen, ich möchte, daß wir uns beeilen... ›Willst du wirklich dahin?‹ – ›Ja, ich möchte gern.‹«

›Mein liebes Kopfkissen, so weich, so warm, so fein mit Federn vollgestopft, ganz weiß, für mich allein...‹ beim Aufsagen höre ich mein Stimmchen, das ich noch heller erklingen lasse als es ist, damit es wie das eines ganz kleinen Mädchens sei, und auch meine affektierte, alberne Betonung... ich merke genau, wie falsch, wie lächerlich diese Nachahmung der Unschuld, der Einfalt eines kleinen Kindes ist, aber es ist zu spät, ich habe mich überrumpeln lassen, ich habe nicht gewagt, mich zu widersetzen, als man mich unter den Armen hochgehoben und auf diesen Stuhl gestellt hatte, damit man mich besser sähe... wenn man mich auf dem Boden ließe, würde man mich nicht gut sehen, mein Kopf würde den langen Tisch kaum überragen, an dem auf beiden Seiten einer ganz in Weiß gekleideten Braut Leute sitzen, die mich anschauen, die warten... ich bin dazu gedrängt worden, ich bin in diese Stimme, in diesen Ton hineingerutscht, ich kann nicht mehr zurück, ich muß in dieser Verkleidung eines dummen Kindchens weitermachen, jetzt bin ich schon an der Stelle angekommen, wo ich den Schrecken nachäffen muß, ich runde meine Lippen, ich öffne meine Augen ganz weit, meine Stimme wird heller, sie bebt... ›Wenn Wind und Wolf und Sturm auch heulen immerzu...‹ und dann die sanfte, kindliche Rührung... ›Mein kleines Kopfkissen, wie gut ich auf dir ruh'...‹, ich lege diesen Weg der Unterwerfung, des kläglichen Aufgebens dessen, was man zu sein fühlt, was man eigentlich ist, bis ans Ende zurück, meine Wangen glühen, während man mich vom Stuhl hebt und ich aus eigenem Antrieb wie ein kleines, wohlerzogenes Mädchen einen Knicks mache und wegrenne, um mich zu verstecken... zu wem?... was tat ich da?... wer hatte mich mitgebracht?... unter dem beifälligen Gelächter, den belustigten, gerührten Ausrufen und dem lauten Geklatsche der Hände...

Wieder ein Name, der merkwürdigerweise noch da ist: die Rue Boissonade. Dorthin, in ein großes, helles Zimmer im Erdgeschoß, bin ich, ohne zu wissen wie, gekommen, um Papa wiederzusehen... Er sitzt, immer noch dünn und gerade auf einem Sofa, und ich sitze neben ihm... Durch eine Tür, die sich in der Wand vor uns öffnet, kommt eine junge Frau herein... ich habe sie schon gesehen, es ist nicht die aus Moskau, die den Weihnachtsbaum mit mir schmückte, sondern eine andere mit kastanienbraunem Haar, die ich nur hier bei Papa gesehen habe... sie tritt als junger Mann verkleidet ein... sie trägt einen Anzug von Papa, und sie hat eine Melone auf dem Kopf, unter der sie ihren Knoten versteckt hat, aber Löckchen fallen auf ihre Wangen und den Nacken... ihre ganz hellblauen Augen sehen durchscheinend aus... wir schauen sie überrascht an, wir lachen, wie komisch sie doch ist in dieser Kleidung, wie gut sie ihr steht... sie nähert sich mir, sie verbeugt sich vor mir, wie man es bei Bällen vor den Damen zu tun pflegt, sie nimmt mich an der Hand, ich stehe auf, sie hält mich an der Taille und dreht sich mit mir, wobei sie reizende, fröhliche, mitreißende Weisen vor sich hinsummt, sie dreht sich immer schneller, sie hebt mich an, meine Füße haben keine Berührung mehr mit dem Boden, mir wird schwindlig, ich lache entzückt... schließlich bringt sie mich wieder zum Sofa, läßt mich fallen, läßt sich selbst neben Papa und mich fallen, ihr Busen hebt sich, ihre runden, kindlichen Wangen sind ganz rosig, sie wirft den Kopf an die Rückenlehne des Sofas zurück und fächelt sich mit ihrem Taschentuch Luft zu, während sie lächelnd noch ein wenig Atem holt... Ich hätte gern, daß sie von neuem anfängt.

Warum das wiederbeleben wollen, ohne Wörter, denen es gelingen könnte, einzufangen und, sei es auch nur noch für ein paar Momente, zu behalten, was mir geschehen ist... so wie die jungen Schäferinnen himmlische Erscheinungen haben... aber hier gibt es keine heilige Vision und kein frommes Kind...
Ich saß, wieder im Luxembourg, auf einer Bank des englischen Gartens zwischen meinem Vater und der jungen Frau, die in dem großen, hellen Zimmer der Rue Boissonade mit mir herumgetanzt war. Auf der Bank zwischen uns oder auf den Knien von einem der beiden lag ein dickes, gebundenes Buch... mir scheint, daß es die *Märchen* von Andersen waren.
Ich hatte gerade einen Abschnitt daraus gehört... ich betrachtete das in Blüte stehende Spalier an dem Mäuerchen aus rosa Backsteinen, die blühenden Bäume, den mit Gänseblümchen, weißen und rosigen Blütenblättern übersäten Rasen in grellem Grün, der Himmel war natürlich blau, und die Luft schien leicht zu flimmern... und in dem

Augenblick überkam mich... etwas Einzigartiges... was nie mehr auf diese Weise wiederkommen wird, ein Gefühl, das so mächtig war, daß ich noch jetzt, nach so viel verflossener Zeit, wenn es abgeschwächt und zum Teil ausgelöscht wiederkehrt, fühle... was denn nur? welches Wort kann es erfassen? nicht das Allerweltswort: ›Glück‹, das sich als erstes einstellt, nein, das nicht... ›Wollust‹, ›Überschwang‹ sind zu häßliche Wörter, sie sollen nicht daran rühren... und ›Schwärmerei‹... wie sich vor diesem Wort das, was da ist, zusammenzieht!... ›Freude‹, ja, vielleicht... dieses kleine, bescheidene, ganz einfache Wort kann es ohne Gefahr streifen... aber es ist nicht imstande, das in sich aufzunehmen, was mich erfüllt, was bei mir überquillt, was sich ausbreitet, sich verlieren wird, aufgehen wird in den rosa Backsteinen, dem in Blüte stehenden Spalier, dem Rasen, den rosigen und weißen Blütenblättern, der flimmernden Luft, die von kaum wahrnehmbaren Vibrationen, von Wellen durchdrungen wird... von Wellen des Lebens, kurzum: von Leben, wie es sonst nennen?... von Leben im Reinzustand, durch nichts bedroht, mit nichts vermischt, es erreicht plötzlich die größte Intensität, die es je erreichen kann... es wird nie mehr jene Intensität geben, für nichts, weil es da ist, weil ich darin bin, in dem rosa Mäuerchen, den Blüten des Spaliers, der Bäume, dem Rasen, der flimmernden Luft... ich bin in ihnen, und weiter nichts, nichts, was nicht ihnen, nichts, was mir gehörte.

In dieser breiten, auf der einen Seite von hohen, hellen Häusern und auf der anderen von Gärten gesäumten Straße, die ganz anders ist als die Rue Flatters, wohnen nun Mama und Kolja.

Im Hauseingang und auf den Treppenstufen liegt ein dicker, roter Teppich, und in der Wand links ist so ein Aufzug, wie es sie in den Hotels gab. Und da ist auch, wie in den Hotels, ein Pförtner in einem schönen mit Schnüren geschmückten Rock und mit Zylinder... er hilft beim Hinaufbringen meines Gepäcks.

Ich gehe in ein großes, helles Zimmer, wo Mama und Kolja mich küssen und etwas zurücktreten, um mich besser zu sehen... ›Wie prächtig du aussiehst, wie groß du geworden bist... und was für einen hübschen Mantel du anhast... dreh' dich mal um, daß man dich betrachten kann‹... Er ist tatsächlich sehr hübsch, dunkelblau mit einem Kragen und Besatz aus blauem Samt, und ich trage meine Wildlederhandschuhe... Papa hatte, am Ausgang eines Kaufhauses in Paris vor mir auf dem Bürgersteig hockend, viel Mühe gehabt, sie über meine ausgestreckten, gespreizten Finger zu streifen, aber die Handschuhe haben sich geweitet, wie die Verkäuferin es versprochen hatte, und nun läßt sich der Druckknopf leicht schließen, ohne zu kneifen und ohne die Haut am Handgelenk zu fälteln.

Das Schlafzimmer rechts von dem großen Raum ist für mich bestimmt. Bett und Nachttisch stehen hinten im Zimmer, gegenüber dem Fenster. Man könnte meinen, daß das, was sich hinter den Doppelfenstern ausdehnt, weite Eisflächen sind... weder in der Sonne glitzernder Schnee wie in Iwanowo, noch aneinandergedrängte, dunkle Häuschen wie in Paris... aber überall bläuliches, durchscheinendes Eis. Und das Licht hier ist silbergrau. Die Stadt, in der ich angekommen bin, heißt Petersburg.

Das Kindermädchen, das sich hier um mich kümmert, ist eine sehr junge Person, ihr Gesicht, in dem alles, Haut, Lippen und Augen, blaß ist, sieht sehr sanftmütig aus. Sie heißt Gascha. Sie geht jeden Tag mit mir in eine nahe, öffentliche Anlage oder aber in einen großen Garten, den ich immer nur mit Rauhreifbäumen und Rasen sehe, die mit einer in diesem silbrigen Licht glänzenden Eisschicht bedeckt sind...

Wir gehen auch gern auf dem breiten Prospekt, in

den unsere Straße mündet, spazieren, um uns die Auslagen der Kaufhäuser anzuschauen. Hier sind sie von einem kastanienbraunen Rahmen umgeben, und die dicken, weißen, auf Glas gemalten Buchstaben sehen ein wenig linkisch, ein wenig unbeholfen aus... Fast in jedem Haus führt eine ganz steile Treppe in ein Kellergeschoß hinab, wo oft ein Geschäft oder ein Café ist.

Gascha und ich bleiben gern vor dem Schaufenster eines Schuhgeschäfts stehen. Sie betrachtet dort schwarze Lackschuhe mit hohen Absätzen, die sehr schön sind, sie hat ganz recht, und ich schaue mir schwarze Kinderlackschuhe an, die etwas höhere Absätze als meine haben, beinahe wie bei den großen Leuten.

Oft spielen wir abends, wenn meine Eltern ausgegangen sind, ein Spiel, das man mir hier geschenkt hat, ›Das Dichterquartett‹. Es hat Ähnlichkeit mit dem ›Familienspiel‹, das ich in Paris spielte. Da man, um es spielen zu können, zu viert sein muß, laden Gascha und das andere Dienstmädchen... ich erinnere mich nur noch an deren Anwesenheit... eine von ihren Freundinnen ein, die im selben Haus arbeitet.

Auf jeder weißen Karte steht das Porträt eines Schriftstellers und darunter sein Name in roten Lettern. Weiter unten in schwarzen Buchstaben, die

Titel von vier seiner Werke. Meine Mitspieler und ich können lesen, und dieses Spiel begeistert uns. Wir sitzen an dem viereckigen Tisch mitten in der von einer an der Decke hängenden Petroleumlampe erleuchteten Küche, die Wände sind dunkel und immer etwas feucht. Die kastanienbraune Fläche einer der Türen scheint sich manchmal zu regen, sie bewegt sich ein wenig... anfangs hatte es mich erschreckt, aber man hat mir erklärt, es seien nur die Bewegungen der Schaben, die diese Tür bedekken... Tierchen, die nicht beißen und dort bleiben werden... keiner kümmert sich um sie, und sie erwecken bei mir bald den Eindruck wie bei allem anderen auch, daß sie zum Haus gehören. Es ist angenehm, es ist schön warm in dieser Küche.
Man verteilt die Karten, man würfelt, um festzustellen, wer beginnen soll, und dann wendet sich jene, auf die das Los gefallen ist, an eine der anderen: Gib mir Turgenjew: *Väter und Söhne.* Die andere reicht ihre Karte. Und nun... mit sicherer klingender Stimme... du wirst mir auch noch Turgenjew: *Erzählungen eines Jägers* geben... In triumphierendem Ton: Ich habe sie nicht. Dann gib du, Gascha, mir Tolstoi: *Anna Karenina.* Danke. Und du Natascha: Die Kreutzer-Sonate. Danke. Und gib mir jetzt... – Ich habe es nicht... und von dir erbitte ich die Rückgabe von... und so weiter von den Niederlagen bis zu den Siegen... nur die Ankunft meiner Eltern läßt uns aufhören... Mama schimpft

mit uns, aber freundlich, sie spielt es auch gern, sie hat Verständnis für uns... ›Was für ein Irrsinn, es ist Mitternacht, wie du aussehen wirst...‹ – ›Morgen kann ich doch spät aufstehen.‹

»Das stimmt, warum gingst du eigentlich nicht zur Schule wie in Paris?«

»Ich weiß nicht. Ich erinnere mich vage an ein sehr heiteres, mit Grünpflanzen geschmücktes Klassenzimmer, das ich kurze Zeit besucht habe, und an ein dickes Mädchen, das einen ganz komischen Namen hatte, der aus dem Wort Biene und dem Wort Honig zusammengesetzt war... Und auch daran, daß man uns beibrachte, mit der linken Hand ebenso zu schreiben wie mit der rechten. Ich hatte es Papa in einem Brief mitgeteilt. Und er hatte mir geantwortet, er sei der Meinung, es handele sich dabei um einen unnötigen Zeitverlust. Ich bin nicht mehr in diese Schule gegangen, noch in eine andere.«

»Warum?«

»Ich mag noch so sehr versuchen, mich daran zu erinnern... Vielleicht, weil sie nicht den Anschein erwecken wollten, meinem Vater in diesem Punkt nachzugeben. Aber ein solcher Verdacht ist mir damals überhaupt nicht in den Sinn gekommen. Ich glaube, es schon erwähnt zu haben: ich stellte mir solche Fragen nicht.

Und meine Mutter stand für mich, ebenso wie mein Vater, stets über, stets jenseits jeden Verdachts.

Ich fühlte, daß von Kolja, von seinen Pausbacken, seinen kurzsichtigen Augen und seinen Patschhänden eine Sanftmut, eine Gutmütigkeit ausging, die... Ich liebte die Bewunderung, ja beinahe Verehrung, die er manchmal zeigte, wenn er Mama anschaute, den wohlwollenden Blick, mit dem er mich ansah, sein Lachen, das man so leicht hervorsprudeln lassen konnte. Wenn er bei einer Diskussion mit Mama deutlich machen wollte, daß er anderer Meinung war, sagte er stets in freundlich-ungeduldigem Ton die gleichen Worte: ›Ach, laß das doch bitte‹... oder: ›Es ist keineswegs so, das kann man nicht vergleichen‹... ohne je wahre Unzufriedenheit, ohne die Spur einer Aggression erkennen zu lassen. Ich bekam nicht genau mit, was sie sagten, ich glaube, sie redeten meist über Schriftsteller, über Bücher... es kam vor, daß ich einige davon, die in meinem ›Quartett‹ vertreten waren, wiedererkannte.
Von dem, was zwischen Kolja und Mama vorging, von dem warmen Strom, von der Ausstrahlung, empfing auch ich so etwas wie Wellen...«

»Einmal aber... weißt du noch...«

»Das habe ich aber viel später erst empfunden... du weißt genau, daß in dem Moment...«

»Oh, sogar in dem Moment... das beweist schon die Tatsache, daß dieses Sprichwort für immer in deinem Gedächtnis geblieben ist, dieses ein einziges Mal gehörte kleine Sprichwort...«

»Mama und Kolja taten so, als kämpften sie miteinander, sie amüsierten sich, und ich wollte mich daran beteiligen, ich habe für Mama Partei ergriffen, ich habe meine Arme um sie gelegt, so als wollte ich sie verteidigen, und sie hat mich sanft zurückgewiesen... ›Laß doch... Frau und Mann sind das gleiche Gespann.‹ Und ich habe mich zurückgezogen...«

»Genauso schnell, als wenn sie dich brüsk abgewiesen hätte...«

»Und dennoch, in dem Moment war das, was ich empfand, etwas, was kaum ins Gewicht fiel... es war wie das leise Klingen eines vorsichtig angestoßenen Glases...«

»Glaubst du das wirklich?«

»Mir schien in dem Moment, daß Mama geglaubt hatte, ich wollte sie wirklich verteidigen, weil ich sie für bedroht hielt, und daß sie mich beruhigen wollte... Laß...' hab keine Angst, mir kann nichts passieren... ›Frau und Mann sind das gleiche Gespann.‹

»Ist das alles? Hast du sonst nichts empfunden? Paß doch mal auf... Mama und Kolja diskutieren, werden lebhaft, sie tun so, als stritten sie miteinander, sie lachen und du näherst dich, du umklammerst mit den Armen den Rock deiner Mutter und sie macht sich frei... ›Laß doch, Frau und Mann sind das gleiche Gespann‹... mit ein wenig ärgerlicher Miene...«

»Es stimmt... ich störte sie bei ihrem Spiel.«

»Los, streng dich mal an...«

»Ich hatte mich gerade eingemischt... mich da hineingedrängt, wo gar kein Platz für mich war.«

»Gut so, erzähl weiter...«

»Ich war ein Fremdkörper... den sie lästig fanden...«

»Ja: ein Fremdkörper. Du hättest es nicht besser ausdrücken können... Das ist es, was du damals empfunden hast, und mit welcher Gewalt es dich traf!... Ein Fremdkörper... Der Organismus, in den er sich hineingedrängt hat, muß ihn früher oder später abstoßen...«

»Nein, so etwas habe ich nicht gedacht...«

»Nicht gedacht, freilich nicht, das laß ich gelten... es ist aufgetaucht, ungenau, irreal... wie ein unbekanntes Kap, das sich einen Moment aus dem Dunst erhebt... und das sofort wieder von dichtem Nebel bedeckt wird...«

»Nein, du gehst zu weit...«

»Doch. Ich bleibe ganz nahe bei der Wahrheit, du weißt es genau.«

Jenseits der zugefrorenen Newa, zwischen den Palästen mit den weißen Säulen und den in zarten Farben gestrichenen Fassaden stand ein Haus, das ganz aus Wasser gemacht war, das in der großen Kälte gefroren war: das Eishaus.
Es tauchte zu meinem unaufhörlichen Entzücken aus einem kleinen Buch auf...

»Ganz anders, wie es scheint, als das unheimliche *Eishaus*, das du Jahre später in einer Ausgabe für Erwachsene hättest sehen können.«

»Jenes Haus habe ich nicht anschauen können... Ich wollte mir meines bewahren... Es ist für mich so geblieben, wie es mir erschienen war, in die Mulde jener Stadt gekauert, inmitten jener Winter, die Verdichtung ihrer bläulichen Transparenzen, ihres Schimmerns... Seine Mauern aus dickem Eis, seine Fensterscheiben aus einer ganz feinen

Eisschicht, seine Balkone, seine Säulen und seine Statuen erinnern an Edelsteine, sie sind saphirblau und opalgelb ... Im Innern sind alle Möbel, Tische, Stühle, Betten, Kopfkissen, Bettdecken, Wandbehänge, Teppiche, alle kleinen Dinge, die man in den echten Häusern findet, das ganze Geschirr und sogar die Scheite in den Kaminen aus Eis.
Nachts brennen zahllose Kerzen in den Eisleuchtern, Eiskandelabern und Eislüstern, ohne sie zum Schmelzen zu bringen ... das durchsichtig gewordene Haus scheint drinnen in Flammen zu stehen ... ein weißglühender Eisblock ...

Die Phantasie eines Zaren hatte es errichten lassen ... eines Zaren wie der, welcher in dem Palast an der unermeßlichen, weißen Esplanade wohnt. Wenn Gascha von ihm spricht, senkt sich ihre Stimme, als wäre sie von Ehrfurcht durchdrungen ... Ich kann mir kaum vorstellen, daß er genauso ein Mensch ist wie alle anderen ... sogar sein Körper muß anders sein ... ›Ob er sich wohl waschen muß? Ob er sich wohl einseifen muß?‹ – ›Ja, natürlich ...‹ – ›Er kann sich also schmutzig machen?‹ – ›Ja, er legt aber Wert darauf, sauber zu sein ...‹ – ›Hat er denn auch mitten auf seinem Bauch das kleine Loch? Und kommt es auch vor, daß es ihn darin juckt?‹

Man lacht um mich herum in der überheizten Küche, wo ich in einem großen Holzbottich stehe, während Gascha mich hin und her dreht, mich einseift und mich mit Wasser übergießt.«

»Ungefähr zu der Zeit hat sich noch ein Buch in deinem Leben eingefunden, das nicht mehr daraus verschwunden ist: *Der Prinz und der Bettelknabe.*«

»Ich glaube, es gibt kein anderes Buch in meiner Kindheit, in dem ich so gern gelebt habe wie in diesem.«

»Nicht einmal als du *David Copperfield* oder der Held von Hector Malots *Heimatlos* warst?«

»Nein, selbst da nicht. Die Leben dieser Helden sind zwar auch meine Leben gewesen, so wie sie die Leben von so vielen anderen Kindern waren, aber sie haben in mir nicht solche Furchen hinterlassen... Zwei Furchen, welche zwei Bilder, und zwar sie allein, aufgerissen haben...«

Das Bild des kleinen, zerlumpten Prinzen, der auf einer Tonne hockt, mit einem Blechnapf gekrönt ist und eine Eisenstange in der Hand hat... und um ihn herum in einem roten Licht... einem wahren Höllenlicht... Menschen mit häßlichen Körpern und unheimlichen Gesichtern... Er protestiert, er ruft aus, daß er Edward sei, der Erbprinz, ihr zukünftiger König, daß es sicher, daß es wahr sei... Und sie grinsen, sie lachen laut, sie schmähen ihn, sie tun so, als verehrten sie ihn, sie flehen ihn an, sie knien zum Spaß vor ihm nieder, sie machen groteske Bücklinge und Knickse vor ihm...

Und dann das Bild von Tom, dem kleinen Betteljungen, dem Doppelgänger des Prinzen, der dessen Kleider trägt und an seiner Stelle im Königspalast eingesperrt ist... Er ist allein, fern von den Seinen, umgeben von Unbekannten, von Dienern und sich feierlich gebärdenden Herrschaften... ihre Gesichter sind verschlossen, ihre Augen, die von einer dichten Schicht Ehrfurcht bedeckt sind, starren ihn an... Sie beobachten mit verhohlener Sorge jede seiner Gesten... Und nun nähert sich ihm einer von ihnen und reicht ihm eine goldene Schale mit Wasser, in dem Rosenblütenblätter schwimmen... Tom zaudert, was soll er tun? schließlich entscheidet er sich: er nimmt sie in die Hände, er hebt sie und führt sie an die Lippen: die Fingerspülschale.

Es ist merkwürdig, daß alles aus diesem Buch, das ich immer wieder las, verschwunden ist, außer diesen stets eindrucksvoll und unversehrt gebliebenen Bildern.

Ich habe die Qual der Wahl, es liegen überall Bücher herum, in allen Zimmern, auf den Möbeln und sogar auf dem Boden, Bücher, die Mama und Kolja gebracht haben oder die mit der Post gekommen sind... kleine, mittlere und große...
Ich nehme die Neuankömmlinge in Augenschein, ich schätze die Mühe, die jedes erfordern wird, die Zeit, die es mich kosten wird... Ich wähle eins aus und setze mich mit dem aufgeschlagenen Buch auf den Knien hin, ich umklammere das breite Papiermesser aus grau aussehendem Horn, und ich fange an... zuerst zertrennt das waagerecht gehaltene Papiermesser den oberen Falz der vier zusammenhängenden Doppelseiten, dann senkt es sich, richtet sich wieder auf und gleitet zwischen die beiden Seiten, die nur noch längsseits miteinander verbunden sind... Dann kommen die ›leichten‹ Seiten, sie sind an ihrem langen Rand offen und brauchen nur oben getrennt zu werden. Und wieder die vier ›schwierigen‹ Seiten... dann vier ›leichte‹, dann vier ›schwierige‹, und so weiter, immer schneller, meine

Hand wird müde, mein Kopf wird schwer, er brummt, mir wird ein wenig schwindlig... ›Hör jetzt auf, mein Liebling, das reicht, hast du wirklich nichts Interessanteres zu tun? Ich werde es beim Lesen selbst aufschneiden, das stört mich nicht, ich mache das ganz automatisch...‹
Es kommt jedoch nicht in Frage, daß ich aufgebe. Alles, was ich mir erlauben kann, um die Langeweile zu mindern, um das Schwindelgefühl zu hindern, sind ein paar Varianten: mich zunächst nur mit den ›schwierigen‹ befassen und die ›leichten‹ überspringen... die ich ›als Nachtisch‹ aufbewahren werde. Oder aber, im Gegenteil, mit den leichten beginnen und mit den schwierigen enden, oder einer dieser verschiedenen Methoden Seitenbündel unterziehen, deren Dicke ich nach Belieben variiere... zum Beispiel, drei Bögen, wo die schwierigen und die leichten einander ablösen... fünf, wo ich mich zunächst um die leichten kümmern werde...
Wenn ich einmal in dieser Mühle drin bin, ist es mir nicht mehr möglich, sie zu verlassen. Ich muß unbedingt den Moment erleben, in dem alle Seiten aufgeschnitten sind, das Buch dicker geworden, angeschwollen ist, und ich es schließen, es schön glatt pressen und in aller Ruhe wieder an seinen Platz stellen kann.

Mama drängt mich und rügt mich sanft... ›Laß dich nicht so bitten, das ist nicht nett von dir, das ist nicht richtig, hol es und zeig es...‹ Und auch die Anwesenheit des im Gegenlicht mit dem Rücken zum Fenster sitzenden Herrn, sein aufmerksames Schweigen und seine Erwartung lasten auf mir, treiben mich an... aber ich weiß, daß ich es nicht tun darf, es geht nicht, ich darf nicht nachgeben, ich gebe mir alle Mühe zu widerstehen... ›Das ist doch gar nichts, nur zum Spaß... es ist wirklich nichts...‹ – ›Sei nicht so schüchtern... Wissen Sie, sie schreibt nämlich an einem ganz langen Roman...‹ Der Herr hier...«

»Wer war es?« frage ich mich.

»Ich kann mich nicht mehr daran erinnern. Aus der Hochachtung und Sympathie zu schließen, die Mama ihm entgegenzubringen schien, konnte es

Korolenko sein... Mama veröffentlichte ihre Arbeiten in seiner Zeitschrift, sie sah ihn oft, Kolja und sie sprachen oft über ihn... Aber sein Name ist nicht so wichtig. Ihre Hochachtung und Sympathie haben den Druck der Worte, die er in dem gleichen Ton ausgesprochen hat, als spräche er zu einer Erwachsenen, noch größer, noch unwiderstehlicher werden lassen: ›Das interessiert mich natürlich sehr. Du mußt es mir zeigen...‹ Und... wem ist so was noch nie passiert? wer kann behaupten, nichts von dem Gefühl zu kennen, das man bisweilen hat, wenn man weiß, was geschehen wird, was einem bevorsteht, und es ahnend... trotzdem darauf zugeht...«

»Man könnte sogar sagen, daß man genau das sucht...«

»Ja, es zerrt an einem... eine sonderbare Anziehungskraft...

Ich bin wieder in mein Zimmer gegangen, ich habe aus der Schublade meines Tisches ein dickes, mit schwarzem Wachstuch eingeschlagenes Heft genommen, ich habe es hingebracht und dem Herrn gereicht...«

»Dem ›Onkel‹, solltest du sagen, denn so nennen die Kinder in Rußland die erwachsenen Männer ...«

»Gut, ›der Onkel‹ schlägt also die erste Seite des Heftes auf ... die Buchstaben sind mit roter Tinte sehr linkisch hingeschrieben worden, die Zeilen steigen und fallen ... Er überfliegt sie schnell, blättert weiter und hält dann und wann inne ... er sieht erstaunt aus ... er scheint unzufrieden zu sein ... Er klappt das Heft wieder zu, er reicht es mir und sagt: ›Bevor man anfängt, einen *Roman* zu schreiben, muß man die Rechtschreibung lernen ...‹

Ich habe das Heft wieder in mein Zimmer gebracht, ich weiß nicht mehr, was ich damit gemacht habe, es ist jedenfalls verschwunden, und ich habe keine Zeile mehr geschrieben ...«

»Es ist einer der seltenen Momente deiner Kindheit, auf den du viel später dann und wann zu sprechen kamst ...«

»Ja, um den Leuten, die mich fragten, warum ich so lange gewartet hätte, bis ich zu ›schreiben‹ anfing, zu antworten und Gründe anzugeben ... Es war so bequem, man konnte schwerlich etwas Einleuchtenderes finden: eines dieser wunderbaren ›Kindheitstraumata‹...«

»Glaubtest du eigentlich nicht daran?«

»Doch, ich glaubte schon daran... aus Konformismus. Aus Trägheit. Du weißt ja, daß ich bis vor kurzem kaum Lust hatte, die Ereignisse meiner Kindheit wieder lebendig werden zu lassen. Aber wenn ich mich nun bemühe, diese Momente so gut es geht wieder heraufzuholen, wundert mich vor allem, daß ich sozusagen weder Wut noch Groll gegen ›den Onkel‹ entdecke.«

»Es muß aber etwas davon gegeben haben... Er hatte sich brutal verhalten...«

»Sicherlich. Aber eine solche Regung hat sich vermutlich sehr schnell wieder gelegt, und das, was ich wiederfinden kann, ist vor allem ein Gefühl der Befreiung... so ungefähr wie das, was man empfindet, nachdem man eine kleine Operation, eine Ausbrennung oder Ätzung durchgemacht hat, die zwar schmerzhaft, aber doch nötig und heilsam war...«

»Es ist nicht möglich, daß du es damals genauso wahrgenommen hast...«

»Das ist klar. Es konnte mir nicht so vorkommen, wie ich es jetzt sehe, wo ich mich zu dieser Anstrengung zwinge... zu der ich damals nicht fähig war... jetzt, wo ich versuche, tiefer einzudringen und das zu erreichen, zu packen und zutage zu fördern, was dort versteckt geblieben ist.«

Ich sitze in meinem Zimmer, an meinem Tischchen vor dem Fenster. Ich schreibe mit meiner Feder, die ich in die rote Tinte getaucht habe, ein paar Wörter... es fällt mir auf, daß sie nicht den echten Wörtern der Bücher gleichen... sie sehen so aus, als ob sie krumm, als ob sie etwas gebrechlich wären... Hier ist ein ganz wackeliges, nicht ganz sicheres, ich muß es einordnen... hierhin vielleicht... nein, dahin... aber ich frage mich... ich habe mich wohl getäuscht... es scheint sich nicht gut mit den anderen zu vertragen, mit jenen Wörtern, die anderswo leben... ich habe sie weit von daheim geholt und sie hergebracht, aber ich weiß nicht, was gut für sie ist, ich kenne ihre Gewohnheiten nicht...

Die Wörter von daheim, kraftvolle, mir wohlbekannte Wörter, die ich hier und da zwischen diese fremden hingeschrieben habe, sehen unbeholfen, wie geliehen, ein wenig lächerlich aus... man möchte meinen, in ein unbekanntes Land verschlagene Leute, in eine Gesellschaft, deren Bräuche sie nicht gelernt haben, sie wissen nicht, wie sie sich verhalten sollen, sie wissen nicht mehr genau, wer sie sind...
Und ich bin wie sie, ich habe mich verirrt, ich irre an Stätten herum, die ich nie bewohnt habe... ich kenne keineswegs jenen blassen, jungen Mann mit den blonden Locken, der an einem Fenster liegt, von dem aus er die Berge des Kaukasus sieht... Er hustet und auf dem Taschentuch, das er an seine Lippen führt, sieht man plötzlich Blut... Er wird die ersten linden Lüfte des Frühlings nicht überleben können... Ich war keinen einzigen Moment in der Nähe jener georgischen Prinzessin, die eine rote Samtkappe trägt, an der ein langer, weißer Schleier flattert... Sie ist von einem Dschigiten in enganliegendem, schwarzem Waffenrock entführt worden... beide Seiten seiner Brust wölben sich von den Patronentaschen... ich versuche, sie einzuholen, als sie auf einem Streitroß fliehen... einem ›feurigen‹... ich hänge ihm dieses Wort an... ein Wort, das mir einen seltsamen, etwas beunruhigenden Anblick zu bieten scheint, aber wenn schon... sie fliehen durch Schluchten, durch Engpässe auf

einem feurigen Streitroß... sie flüstern Liebesschwüre... das ist es, was sie brauchen... sie schmiegt sich an ihn... Unter ihrem weißen Schleier hängt ihr schwarzes, flatterndes Haar bis zu ihrer Wespentaille hinab...
Ich fühle mich nicht sehr wohl bei ihnen, sie schüchtern mich ein... aber das macht nichts, ich muß sie so gut ich kann empfangen, hier müssen sie leben... in einem Roman... in meinem Roman, ich schreibe einen, auch ich, und ich muß mit ihnen hier bleiben... mit diesem jungen Mann, der im Frühling sterben wird, mit der vom Dschigiten entführten Prinzessin... und auch mit dieser alten Hexe mit den herabhängenden grauen Strähnen, mit ihren Hakenfingern, die am Feuer sitzt und ihnen weissagt... und noch anderen, die darin vorkommen...
Ich strebe zu ihnen... ich gebe mir Mühe, mich ihnen mit meinen schwachen, zögernden Wörtern immer mehr zu nähern, ganz nahe an sie heranzukommen, sie zu betasten, sie zu befühlen... Aber sie sind steif und glatt, sie sind eiskalt... man möchte meinen, daß sie aus funkelndem Blattmetall ausgeschnitten wurden... ich mag es noch so oft versuchen, es ist nichts zu machen, sie bleiben immer gleich, ihre glatten Flächen spiegeln, schillern... sie sind wie verhext.
Auch ich bin verwunschen, ich bin verzaubert, ich bin hier mit ihnen in diesem Roman eingesperrt, ich kann nicht aus ihm hinaus...

Und da geschieht es, daß diese magischen Worte... ›Bevor man anfängt, einen Roman zu schreiben, muß man die Rechtschreibung lernen‹... den Bann brechen und mich erlösen.

Wie ich mich auch zusammenkauern, mich zu einer Kugel zusammenrollen, mich ganz unter meinen Decken verbergen mag, die Angst, eine Angst wie ich seitdem keine mehr erlebt zu haben mich erinnere, schleicht auf mich zu, sickert in mich ein... Von dort kommt sie... ich brauche nicht zu schauen, ich spüre, daß sie dort überall ist... sie verleiht diesem Licht die grünliche Tönung... sie ist es, diese Allee mit den spitzen, starren, dunklen Bäumen und den fahlen Stämmen... sie ist diese Reihe von Gespenstern in langen, weißen Gewändern, die in einer schauerlichen Prozession auf graue Fliesen zugehen... sie wankt im Schein der großen, bleichen Kerzen, die sie tragen... sie breitet sich ringsum aus, sie füllt mein Zimmer... Ich möchte entfliehen, habe jedoch nicht den Mut, den von ihnen erfüllten Raum zwischen meinem Bett und der Tür zu durchqueren.

Ich schaffe es schließlich, meinen Kopf einen Moment hinauszustrecken, um zu rufen... Jemand kommt... ›Was ist schon wieder?‹ – ›Das Gemälde ist noch nicht verhängt.‹ – ›Stimmt ja auch... Was für ein verrücktes Kind...‹ Man nimmt irgend etwas, ein Handtuch, ein Kleidungsstück und hängt es über den oberen Rand des Rahmens... ›So, jetzt ist nichts mehr zu sehen... Hast du nun keine Angst mehr?‹ – ›Nein, sie ist weg.‹ Ich kann mich ganz lang in meinem Bett ausstrecken, den Kopf auf das Kissen legen, mich entspannen... ich kann die Wand links vom Fenster betrachten... die Angst ist verschwunden.

Eine lässig und unbekümmert aussehende erwachsene Person mit dem unbeirrbaren Blick eines Taschenspielers hat die Angst im Handumdrehen verschwinden lassen.

Wie schön sie ist... ich kann mich nicht davon trennen, ich umklammere Mamas Hand noch stärker, ich halte sie fest, damit wir noch ein paar Augenblicke hier bleiben, damit ich noch länger in diesem Schaufenster den Kopf anschauen... ihn betrachten kann...

»Es ist schwer, das wiederzufinden, was so faszinierend an dieser Friseurpuppe war.«

»Es gelingt mir nicht gut. Ich kann mir nur ihr ziemlich unscharfes Gesicht wieder vorstellen... es war glatt und rosig... strahlend... wie von innen erleuchtet... und auch den stolzen Bogen ihrer Nasenflügel und ihrer Lippen, deren Enden nach oben zeigten... Mein Erstaunen vor allem fällt mir wieder ein... alles an ihr war schön. Das war es, was man die Schönheit nennt. Das war es, was man schön sein nennt.

Ich spüre plötzlich so etwas wie Verlegenheit, einen leichten Schmerz... man möchte meinen, ich hätte mich in mir an etwas gestoßen, etwas hätte mich gerade angestoßen... es zeichnet sich ab, es nimmt Form an... eine ganz deutliche Form: ›Sie ist schöner als Mama.‹«

»Woher ist das auf einmal gekommen?«

»Ich habe mich lange damit begnügt, wenn es später vorkam, daß ich an diesen Moment dachte...«

»Gib zu, daß du es nicht oft getan hast...«

»Das stimmt. Und ich hielt mich nie lange Zeit dabei auf... ich bildete mir vage ein, daß die Bedeutung, die ich der Idee der ›Schönheit‹ beigemessen zu haben schien, wohl auf Mama zurückzuführen war. Wer hätte sie mir sonst eintrichtern können? Sie hatte eine so große suggestive Macht über mich... Mama hatte mich vermutlich dazu gebracht... ohne es je zu verlangen... sie hatte mich, ohne daß ich wußte wie, bestimmt dazu veranlaßt, sie sehr schön zu finden, sie für eine Schönheit ohnegleichen zu halten... Daher hatte ich dieses Gefühl des Unbehagens, der Verlegenheit...

Aber jetzt, da ich mich so angestrengt besinne, gelingt es mir nur, zu hören, daß Mama wegen meiner Tante auf die ›Schönheit‹ anspielt: ›Anjuta ist eine echte Schönheit‹ oder aber, wenn sie von einer ihrer Freundinnen, von der sowohl das Gesicht als auch der Name aus dem Gedächtnis verschwunden sind, sagt, ›Sie ist sehr schön‹, aber stets im Ton einer schlichten Feststellung. Teilnahmslos. Ganz gleichgültig.

Ich kann sie mir nicht mehr vorstellen, wie sie sich in einem Spiegel betrachtete und sich puderte... ich sehe nur noch ihren kurzen Blick, wenn sie an einem Spiegel vorbeikam, und ihre eilige Geste, um eine ihrem Knoten entglittene Strähne wieder festzustecken oder eine herausragende Haarnadel wieder hineinzuschieben.

Sie schien sich wegen ihres Äußeren kaum Sorgen zu machen... Sie hielt sich sozusagen aus allem raus... Aus allem.«

»Ja. Oder sie stand darüber...«

»So war es: sie war darüber erhaben. Fern von jedem möglichen Vergleich. Keine Kritik, kein Lob schien ihr gelten zu können. So kam sie mir vor.

Ich fand, daß sie oft entzückend anzusehen war, und mir schien, daß auch viele andere es fanden, ich bemerkte es manchmal in den Augen der Vorübergehenden, der Geschäftsleute, der Freunde und natürlich Koljas. Ich mochte ihre feinen, anmutigen Gesichtszüge, sie waren gleichsam geschmolzen... ich finde kein anderes Wort dafür... wie geschmolzen unter ihrer goldenen, rosigen, sanften, sich wie Seide anfühlenden Haut, die noch seidiger war als Seide, die noch wärmer und zarter war als die Federn, als der Flaum eines Vögleins... Der Bogen, den ihr ein wenig gewölbtes Lid mit ihrem ziemlich hohen Backenknochen bildete, hatte diese Reinheit, diese Art Offenheit wie manchmal bei Kindern. Ihre Augen in der gleichen goldbraunen Farbe wie ihr glattes, seidenweiches Haar, waren nicht groß, und ihre Form war etwas ungleich... wenn sie über etwas staunte, so war es eine ihrer Augenbrauen, ich glaube die linke, die sich höher erhob als die andere und einem Zirkumflex glich. Ihr Blick war recht sonderbar... verschlossen und hart bisweilen und bisweilen lebhaft, naiv... Oft gleichsam abwesend...«

»Vielleicht, weil sie schlecht sehen konnte...«

»Ach was, es gab bei ihr wirklich diese Geistesabwesenheit, die sie zeitweise für alle unerreichbar

machte... selbst für Kolja... und er ärgerte sich darüber... ›Woran denkst du? Du hörst nicht zu...‹
Jedenfalls scheint mir nun klar zu sein, daß ich mich nie gefragt hatte, ob Mama schön sei. Und ich weiß immer noch nicht, was mich an jenem Tage dazu gebracht hat, mich der Formulierung ›Sie ist schön‹ zu bemächtigen, die so vollkommen zu jener Friseurpuppe paßte und die für sie wie gemacht zu sein schien, und sie zu übertragen, zu versuchen, sie auch mit Mamas Kopf in Verbindung zu bringen. Ich habe übrigens nicht die geringste Erinnerung an dieses Unternehmen bewahrt, das ich doch habe durchführen müssen... allein geblieben ist mir davon das Unbehagen, der leichte Schmerz, der es begleitete, und seine letzte Phase, sein Ergebnis, als ich sah... wie konnte man es nicht sehen?... es ist klar, es ist sicher, es ist so: Sie ist schöner als Mama.

Nun, da es in mir ist, kommt es nicht in Frage, daß ich es vor ihr verheimliche, ich kann mich nicht so weit von ihr entfernen, mich verschließen, mich allein damit einschließen, ich kann es nicht allein tragen, es gehört ihr, es gehört uns beiden... wenn ich es, verdichtet, in mir bewahre, wird es dicker, schwerer, es wird immer stärker drücken, ich muß mich unbedingt ihr gegenüber öffnen, ich werde es ihr zeigen... so wie ich ihr eine Schramme, einen Splitter, eine Beule zeige... Schau mal, Mama, was

ich hier habe, was mir hier passiert ist... ›Ich finde, daß sie schöner ist als du‹... und sie wird sich bücken, darauf blasen, es sanft betasten, das ist doch gar nichts, wie behutsam sie einen Dorn herauszieht, wie sie eine Münze aus ihrer Handtasche nimmt und sie gegen die Beule preßt, damit sie nicht noch dicker wird... ›Ja, gewiß, du Dummerchen, es ist klar, daß sie schöner ist als ich‹... und es wird mir nicht mehr weh tun, es wird verschwinden, wir werden beruhigt Hand in Hand weitergehen...
Aber Mama läßt meine Hand los, oder hält sie nicht mehr so fest, sie schaut mich mit ihrem unzufriedenen Blick an und sagt: ›Ein Kind, das seine Mutter liebt, findet, daß niemand schöner ist als sie.‹
Ich weiß nicht mehr, wie wir nach Hause zurückgekehrt sind... vielleicht schwiegen wir, oder wir haben womöglich weiter miteinander gesprochen, als ob nichts gewesen wäre. Ich trug in mir, was sie da hineingelegt hatte... ein gut eingewickeltes Paket... Erst wenn ich wieder daheim bin, wenn ich wieder allein bin, werde ich es öffnen, um zu sehen, was darin ist...«

»Diese Gewohnheit, nie sofort solche Pakete zu öffnen und zu warten, um in Ruhe ihren Inhalt untersuchen zu können, mag deine mangelnde Schlagfertigkeit, dein ›Um-den-heißen-Brei-Herumgehen‹ erklären.«

»Das ist sicher. Aber in diesem Falle wäre, selbst wenn ich dazu imstande gewesen wäre, keinerlei Schlagfertigkeit möglich gewesen ...«

»Sie hatte sich wahrscheinlich schlecht ausgedrückt. Was sie vermutlich hatte sagen wollen, war: Ein Kind, das seine Mutter liebt, vergleicht sie mit niemandem.«

»Das ist es: Ein Kind, das seine Mutter liebt, beobachtet sie nicht, es denkt nicht daran, sie zu beurteilen ...«

»Es hat sie wahrscheinlich auch aufgebracht, daß du sie von dort, wo sie sich befand, herausgerissen hattest ... aus ihrer Erhabenheit, und daß du sie in den Kreis der anderen gestoßen hattest, wo man vergleicht, einschätzt, Plätze zuweist ... sie maß sich mit niemandem, sie wollte nirgends ihren Platz haben.«

»Ich war jedoch nicht imstande, es einzusehen, da die Worte, die sie gebrauchte, es verbargen. Sie hatte gesagt: ›Ein Kind, das seine Mutter liebt, findet, daß niemand schöner ist als sie.‹ Diese Worte

tauchten wieder auf, sie nahmen mich ganz in Beschlag... Ein Kind. Eins. Eins. Ja, ein Kind unter allen andern, ein Kind wie alle anderen Kinder. Ein richtiges Kind voller Gefühle, wie sie alle richtigen Kinder haben, ein Kind, das seine Mutter liebt... Welches Kind liebt sie nicht? Wo hat man so etwas jemals gesehen? Nirgends. Es wäre kein Kind, es wäre ein Monstrum. Oder aber sie wäre keine richtige Mutter, sie wäre eine Rabenmutter. Ein Kind also, wie Kinder sind, wie sie sein sollen, liebt seine Mama. Und dann findet es sie schöner als irgend jemand auf der Welt. Es ist diese Liebe zu ihr, die es sie so schön finden... sie für die Schönste halten läßt... Und es ist klar, daß ich sie eben nicht liebe, da ich die Friseurpuppe schöner finde.
Wie ist das nur möglich? Ist es überhaupt sicher? Ich finde es letztlich vielleicht doch nicht... Ist es so unwiderlegbar, daß sie schöner ist? Ist sie es wirklich? Ich muß es noch mal überprüfen... Ich lasse vor mir ihr rosiges, leuchtendes Gesicht wieder erscheinen... ich sehe jeden Gesichtszug von ihr wieder... es ist nichts zu machen, ich kann nichts daran ändern, es ist nichts an ihr, was nicht schön wäre, das ist es, was man ›schön sein‹ nennt... und Mama... ich sehe deutlich ihr feines Gesicht, ihre seidige, goldene Haut... das, was von ihrem Blick ausgeht... aber da ist es, es ist nicht zu übersehen, ihre Ohren sind nicht klein genug, ihre Ohrläppchen sind zu lang, die Linie ihrer Lippen ist zu

gerade, ihre Augen sind nicht groß, ihre Wimpern sind ziemlich kurz, ihr Haar ist glatt... bei Mama trifft ›schön‹ nicht überall zu, es paßt nicht überall genau, es löst sich hier und auch da, ich kann mir noch so viel Mühe geben, es ist nichts zu machen, es springt einem in die Augen: Mama ist nicht so schön.

Nun hat diese Idee sich in mir festgesetzt, es hängt nicht von meinem Willen ab, sie zu vertreiben. Ich kann mich dazu zwingen, sie in den Hintergrund zu drängen, sie durch eine andere Idee zu ersetzen, aber nur für eine Weile... sie bleibt immer da, in einer Ecke hockend, jederzeit bereit hervorzutreten, alles vor sich beiseitezuschieben und den ganzen Platz einzunehmen... Man möchte meinen, daß ihr Wachstum noch gefördert wird, wenn man sie zurückdrängt, sie zusammendrückt. Sie ist der Beweis, das Zeichen für das, was ich bin: ein Kind, das seine Mutter nicht liebt. Ein Kind, das etwas an sich hat, was es mit dem Bann belegt, von den anderen Kindern trennt... von den leichtsinnigen, unbekümmerten Kindern, die ich lachen, schreien, einander nachlaufen, im Garten oder in der Grünanlage schaukeln sehe... und ich stehe abseits. Allein mit dem, was niemand kennt, und keiner könnte es, wenn man es ihm mitteilte, glauben.
Ich versuche nicht mehr zu kämpfen, den Kopf im Schaufenster noch einmal heraufzubeschwören und

ihn neben den von Mama zu stellen... ich weiß, daß es die Idee nur noch fester in mir verankern würde...
Außerdem ist diese Puppe von selbst aus meinem Gedächtnis verschwunden und mit ihr die Idee, die ich fest damit verbunden hatte... Aber ihr Platz ist sofort besetzt worden... eine andere, ähnliche Idee hat sie ersetzt. Es ist vielleicht sogar diese neue Idee, die sie vertrieben hat...

In mir gibt es nicht mehr wie früher, wie in allen anderen, richtigen Kindern, jenes schnelle, helle Quellwasser, das dem Wasser der Wildbäche, der Gebirgsflüsse gleicht, sondern das stehende, schlammige, verschmutzte Wasser der Teiche... Wasser, das die Mücken anzieht. Du brauchst mir nicht immer wieder zu sagen, daß ich damals nicht imstande war, diese Bilder heraufzubeschwören... sicher ist, daß sie genau das Gefühl wiedergeben, das mein armseliger Zustand bei mir verursachte.
Die Ideen kommen irgendwann, sie pieken, nanu, hier ist wieder eine... und der winzige Stachel sticht in mich hinein, es tut mir weh... ›Mama hat eine Affenhaut.‹
So sind sie nun, diese Ideen, sie erlauben sich irgend etwas, wie es gerade kommt. Ich betrachte Mamas Halsausschnitt, ihre goldbraungebrannten, nackten Arme, und plötzlich ist da in mir ein Teufelchen, ein kleiner, böser Geist, wie die *domowoi*, die alle

möglichen Streiche in den Häusern spielen, und bespritzt mich mit dieser Idee: ›Mama hat eine Affenhaut.‹ Ich will das abwischen, es auslöschen... das ist nicht wahr, ich glaube es nicht... nicht ich habe so etwas gedacht. Aber es ist nichts zu machen, das Fell eines im Käfig des zoologischen Gartens gesehenen Affen ist, ich weiß nicht wie, erschienen und hat sich auf den Hals und die Arme von Mama gelegt, und schon ist die Idee da... sie tut mir weh...

Ich rufe Mama zu Hilfe, sie muß mir Erleichterung verschaffen... ›Weißt du, Mama, ich habe nun eine andere Idee‹... Sie scheint sofort gereizt zu sein... ›Was ist denn das schon wieder?‹ – ›Nun ja, ich meine... du hast... eine Affenhaut...‹ sie wird schauen, was ich da habe, was gegen meinen Willen in mir gewachsen ist, wir werden es uns gemeinsam anschauen... es ist ja so lächerlich, so grotesk... man kann sich nur darüber lustig machen, sie wird in ihr Lachen ausbrechen, bei dem ich immer mitlachen muß, wir werden zusammen darüber lachen, und die Idee wird dorthin verschwinden, woher sie gekommen ist... dorthin, wo sie entstanden ist... irgendwo außerhalb von mir, an einem Ort, den ich nicht kenne... Oder aber Mama wird sagen: ›Na ja, das freut mich. Weißt du noch, wie niedlich die Äffchen waren?‹«

»Eine Antwort, die du dir jetzt ausdenkst...«

»Gewiß... aber ich erwartete, ohne sie mir genau vorstellen zu können, irgend etwas dieser Art... was mich sofort beschwichtigen würde... Mama lacht jedoch verächtlich und sagt: ›Nun ja, ich danke dir... Wie reizend von dir...‹

Ich glaube nicht, daß ich jemals vorher so allein gewesen bin – auch nachher nicht. Ich hatte keinerlei Hilfe zu erwarten, von niemandem... Wehrlos war ich den ›Ideen‹ ausgeliefert: Ein günstiges Gelände, auf dem sie machen konnten, was sie wollten, sie sprangen umher, sie riefen einander, und es kamen immer noch andere hinzu... alle waren der unzweifelhafte Beweis dafür, daß ich nicht ein Kind war, das seine Mutter liebt. Nicht war, wie ein Kind sein soll.

Das Übel steckte in mir. Das Übel hatte mich auserwählt, weil es in mir die Nahrung fand, die es brauchte. Es hätte nie in einem gesunden, reinen Kindergeist wie dem, welchen die anderen Kinder haben, leben können.

Wenn ich mich mürrisch in einer Ecke aufhalte und Mama mich fragt... aber vielleicht halte ich mich absichtlich dort auf, damit sie es merkt und mir die Frage stellt... ›Was hast du schon wieder? Warum spielst du nicht? Warum liest du nicht?...‹ antworte ich nur... und es ist immerhin eine Erleichterung: ›Ich habe meine Ideen.‹

Wie man sagt: ›Ich habe meine Schmerzen. Ich habe meine Migräne‹, nur mit dem Unterschied, daß dies eine beschämende Krankheit ist, eine geheime Krankheit, die nur sie kennt. Es ist nicht möglich, daß ich sie irgendeinem anderen anvertraue.

Ich erinnere mich nicht mehr an alle verrückten, ungereimten Ideen, die mich damals heimgesucht haben... nur noch an die letzte, ich hatte sie glücklicherweise kurz vor der Trennung von meiner Mutter, vor der Abreise, die allem ein jähes Ende bereitete, was, bei einer weiteren Entwicklung, zu einer echten Verrücktheit hätte werden können...

Diese letzte Idee war bei weitem die grausamste von allen... Sie muß sich eines Abends in mich eingeschlichen haben, als ich in der Küche war und wahrscheinlich gerade mit den Dienstmädchen Dichterquartett spielte. Ich hörte wie Gascha, ohne den Namen zu nennen, zu den beiden anderen sagte: ›Sie‹... und ich wußte, daß dieses ›sie‹ Mama bezeichnete... ›sie ist eigentlich sehr gut, sie schreit nie, sie ist höflich, und was das Essen betrifft, so braucht man sich nicht zu beklagen, abgesehen vom Fleisch... Hast du die Fleischstücke gesehen?...‹ und dann war es vorbei, es hat mich nur ganz schnell durchzuckt, ohne die geringste erkennbare Spur zu hinterlassen... Und dann, bei Tisch, als Gascha gerade Mama wie sonst ihren Teller hinhielt, damit sie die für ›die Küche‹ bestimmten Fleischstücke darauf legte, sah ich... ich habe nicht gewagt, Gascha anzuschauen, ich fürchtete, zu entdecken, wie sie auf den Teller schaute, auf den

Mama... ja, es war nicht zu übersehen... die Stücke waren kleiner als die anderen, es war mehr Fett daran... Und sogleich war die ›Idee‹ da: Mama behandelt Gascha nicht gut... die doch so blaß ist... und das andere Dienstmädchen auch nicht... Diesmal ist es nicht mehr eine von jenen Ideen, die ich sogar Mama anvertrauen kann. Ich kann, wenn sie mich fragt, nicht mehr antworten: Ich habe meine Ideen... in der Hoffnung, daß sie gutgelaunt ist und mir sagen wird: Na, was ist denn los? und daß ich ihr die Idee zeigen könnte... Sie würde sich wundern: Wer hat dich an so etwas denken lassen? Sie würde etwas ahnen, selbst wenn ich es verheimlichte... und bei Mama kann ich so etwas nicht... sie würde wissen, daß es Gascha ist...

Mir fehlt also wie immer die Kraft, die Wahrheit anzuerkennen und gelten zu lassen. Die Mahlzeiten, bei denen es in Stücke geschnittenes Fleisch gibt, das Mama an die Dienstmädchen verteilt, werden zu einer Tortur. ›Mama ist geizig.‹ ›Mama ist undankbar.‹ ›Mama ist knauserig.‹... die fix und fertige Idee ist da, sie wartet... und ich versuche, sie zurückzuhalten... noch einen Moment... erst mal sehen... ah, was für ein Glück... Mama, die ganz von der Unterhaltung in Anspruch genommen wird, hat zwei Stücke genommen, die genauso groß sind wie die Stücke, die auf der Fleischplatte bleiben, ich wage es, auf Gaschas Teller zu blicken, ich bin überglücklich... die besiegte Idee schwindet dahin... Ich fühle, wie sich in mir die angenehme Frische der Besänftigung ausbreitet... in den anderen Fällen dachte Mama auch nicht an das, was sie tat, sie ist so oft zerstreut... Knauserigkeit, nein, das paßt überhaupt nicht zu ihr, Gascha kennt Mama nicht...

Aber, siehe da, bei einer anderen Mahlzeit kehrt die Idee wieder, sie streunt herum, sie lauert... ich habe Angst... ich versuche, sie daran zu hindern, hereinzukommen, ich wende den Blick ab, aber irgend etwas drängt mich, ich muß hinsehen... Auf das Ende des Bratens, auf das kleinere Stück und das andere daneben, auf sie bewegt sich Mamas Gabel zu, sie sticht in diese Stücke und legt sie auf den Teller, den Gascha ihr hinhält... ich gucke nicht auf Gaschas Gesicht... selbst wenn auf ihm nicht die Spur eines flüchtigen Lächelns zu erkennen ist, weiß ich doch, was sie denkt... ich denke das gleiche wie sie. Aber mich zerreißt, mich zerfrißt die Idee... wenn sie mich losläßt, dann nur für einen Moment, sie wird wiederkommen, sie ist immer da, auf der Lauer, bereit, im Laufe irgendeiner Mahlzeit herbeizuspringen.«

Ich sitze auf dem Rand meines Betts, mit dem Rücken zum Fenster, und halte meinen Gefährten fest, der auf meinen Knien steht, meinen Vertrauten, meinen Bär mit dem goldnen, ganz weichen, sanften Fell, und ich erzähle ihm, was Mama mir gerade gesagt hat... ›Weißt du, wir werden bald nach Paris zurückkehren, zu Papa... früher als sonst... und drüben, stell dir vor, wird eine andere Mama sein...‹
In dem Moment sagt Mama, die anwesend ist und mich hört, ärgerlich zu mir: ›Was erzählst du denn da? Welche andere Mama? Man kann keine andere haben. Du hast auf der Welt nur eine einzige Mama.‹ Ich weiß nicht, ob sie diese Sätze oder nur den letzten von ihnen gesagt hat, aber ich finde darin wieder das ungewöhnliche Pathos, mit dem sie zu mir gesprochen hat, und das mich, wie versteinert, schweigen ließ.

Ich kann mich nicht mehr an irgendeine Vorbereitung der Abreise erinnern... ich weiß, daß Mama und Kolja auch wegziehen wollten, sobald Mama zurück sein würde. Kolja hatte ein dickes Buch über die Geschichte Österreich-Ungarns geschrieben und war eingeladen worden, einige Monate in Budapest zu arbeiten... ich habe den Namen Budapest damals oft gehört.

Die Ankündigung meiner Abreise hatte mich nicht traurig gestimmt. Ich war an diese Hin- und Herfahrten gewöhnt, und ich freute mich wie immer darauf, Papa wiederzusehen, den Jardin du Luxembourg... und die freundliche Dame, die mit mir getanzt hatte, die in jenem Moment bei mir auf der Bank gesessen hatte... als es geschah... als es mich erfüllte, von überall her erstrahlend, von dem Licht, dem Backsteinmäuerchen, den Spalieren, den blühenden Kastanienbäumen... es überkam mich dann und wann noch mal...

Ich habe meinen vermutlich herzzerreißenden Abschied von Gascha vergessen... seltsamerweise blieb mir aber der letzte Moment im Gedächtnis, als ich, um ihn zu umarmen, zu Kolja gegangen war, der, von Papieren umgeben, ganz mit dem Schreiben beschäftigt war... als ich ihn wie ein Hündchen beschnupperte, um mich besser an ihn erinnern, um seinen Geruch nach Tabak und Toilettenwasser besser behalten zu können, und als ich mir noch einmal die Form seiner Fingernägel, seiner Hände ansah... schien es mir, daß vor allem von da das ausging, was ihn erfüllte, ihn sogar ein wenig behäbig aussehen ließ: seine Freundlichkeit, seine Gutmütigkeit.

Es ist leicht, sich ganz weiße Ebenen vorzustellen, durch die wir rollten – es war im Februar –, und die Isbas aus Holz, die weißen Birkenstämme, die verschneiten Tannen... ich sah sie bestimmt... aber sie vermischen sich mit soviel anderen ähnlichen Bildern. Mit nichts vermischt sich dagegen Mama, mir gegenüber am Fenster sitzend, ihre Geste, als sie, den Arm ausstreckend, mit ihrem schon durchnäßten Taschentuch mein von Tränen triefendes Gesicht abwischt und wiederholt: ›Nicht doch, mein Liebling, nicht doch, mein Kindchen, mein Kätzchen... nicht doch...‹
Manchmal läßt mein Kummer nach, und ich schlafe ein. Oder aber ich vertreibe mir die Zeit damit, daß ich zu den Stößen der Räder stets die gleichen beiden Wörter ausspreche... die wahrscheinlich durch die sonnigen Ebenen angeregt wurden, die ich durch das Fenster sah... das französische Wort *soleil* und das gleiche russische Wort *solntze,* bei dem das *l* kaum gesprochen wird, bald sage ich *solntze,* indem ich die Lippen zusammenziehe und

vorstrecke und sich die Spitze meiner eingerollten Zunge gegen die Vorderzähne drückt, bald *so-leil,* indem ich die Lippen langziehe und die Zunge kaum die Zähne streift. Und wieder *sol-ntze.* Und wieder *so-leil.* Ein geisttötendes Spiel, mit dem ich nicht aufhören kann. Es hört von selbst auf, und die Tränen fließen.

»Es ist sonderbar, daß du ausgerechnet diesmal zum ersten Mal einen solchen Kummer bei deiner Abreise empfunden hast... Man könnte an eine Vorahnung denken...«

»Oder aber, daß Mama...«

»Ja, etwas, was dich hätte spüren lassen, daß es diesmal keine Abreise wie sonst war...«

»Ich habe Mühe zu glauben, ja, Mühe im eigentlichen Sinne des Wortes, daß sie schon damals die Absicht hätte haben können, mich... Nein, es ist nicht möglich, daß sie entschlossen war, mich meinem Vater zu überlassen.«

»Genügt es uns nicht, festzustellen, daß es im Februar war und daß du wußtest, daß die Trennung länger als gewöhnlich dauern würde, da du diesmal mehr als zwei Monate bei deinem Vater bleiben solltest... bis zum Ende des Sommers.«

Ich erinnere mich sehr gut an einen kleinen, von glitzerndem Schnee umgebenen Bahnhof, wo wir in einem von breiten Fenstern erleuchteten Raum gewartet haben, die Beamten trugen andere Uniformen, ich wußte, daß wir an der Grenze waren.

Und dann Berlin. Ein großes, ziemlich dunkles Zimmer, wo auf der einen Seite zwei Betten mit riesigen roten Daunendecken standen und auf der anderen Seite ein paar Sessel und ein runder Tisch... Mama sitzt an diesem Tisch mit einem ›Onkel‹, den ich nicht kenne... Mama hat mir gesagt, es sei einer ihrer Freunde von früher, aus ihrer Studienzeit in Genf, und er sei auch ein sehr guter Freund meines Vaters. Er wird sich nun um mich kümmern und mich mit nach Paris nehmen. Er hat ein sanftes, feines Gesicht, ganz grau, voll von Löchlein wie bei denjenigen, die die Blattern gehabt haben... er hat eine Nasenspitze, die wie angenagt aussieht...

Mama spricht leise mit ihm, und ich habe ein sehr lustiges Spiel erfunden: ich habe schon mein langes Nachthemd an und hüpfe mit geschlossenen Füßen von einem Bett auf das andere, die Betten sind durch einen ziemlich breiten Zwischenraum voneinander getrennt, man muß gut zielen und, hops, auf die andere Seite fallen, in der riesigen Daunendecke versinken, sich herumwälzen und dabei Geräusche von sich geben, Schreie ausstoßen...

Mama sagt mir: ›Hör auf, du störst uns... morgen müssen wir uns trennen, es besteht kein Grund für soviel Übermut.‹ Auf der Stelle beruhige ich mich, ich strecke mich lang in einem der Betten aus. Ich höre Mama, die höchst überrascht sagt: ›Wirklich? Sie ist...‹ Ich kann das Wort, das folgt, nicht verstehen...

Als wir wieder allein waren, habe ich Mama gefragt: ›Was hat der Onkel dir gesagt, als du so erstaunt warst?‹ – ›Oh, ich weiß nicht mehr.‹ – ›Doch, sag es mir. Du hast gesagt: »Sie ist...« Wer war das, sie?‹ Mama zögert und sagt dann: ›Sie – das war Vera, die Frau deines Vaters.‹ – ›Sie ist was?‹ – ›Nichts.‹ – ›Doch, du mußt es mir sagen: Was ist sie?‹ Mama scheint an etwas zu denken, was sie amüsiert... ›Nun ja, wenn du es wissen willst, er hat mir gesagt, sie sei dumm.‹

Vom nächsten Morgen habe ich nur noch den dunkelgrauen Bahnsteig im Gedächtnis, das schreckliche Pfeifen, Mama, die sich aus einem Fenster des Zuges beugt, der langsam davonrollt, und ich, am Bahnsteig entlangrennend, schreiend, schluchzend, und der Onkel, der hinter mir herrennt, um mich zu schnappen, der meine Hand packt und mich mitnimmt, ich weiß nicht mehr wohin, wahrscheinlich in einen anderen Zug, der in die entgegengesetzte Richtung fährt. Mir scheint, daß ich nur geweint habe bis zu unserer Ankunft in Paris an der Gare du Nord, deren gelbliches Grau-in-Grau und riesiges Glasgewölbe mir zum ersten Mal unheimlich vorkamen.

Ich weiß nicht, ob jemand uns abgeholt hat, an meinen Vater habe ich nur noch eine Erinnerung in dem kleinen, traurigen und gleichsam nur zum Teil bewohnten Appartement der Rue Marguerin… und an seinen sonderbaren Empfang, der so verschieden von allen früheren war... etwas kühl, steif... und an die junge Frau... ›Erkennst du Vera wieder? Erinnerst du dich an sie?‹ Ich sage ja, aber es fällt mir schwer, diese sehr junge Frau mit ihren runden, rosigen Wangen wiederzuerkennen, die so schlank und gewandt war in ihrem Männeranzug, mit einer Strähne, die aus ihrer Melone hervorgerutscht war, die mit mir herumtanzte, die mich hochhob und außer Atem mit mir hinfiel, sich mit ihrem Taschentuch Luft zufächelte und schallend lachte... sie gleicht nicht der Dame mit den Rollen beiderseits des Kopfes aus sittsam glatt gekämmtem Haar, ohne daß eine Strähne sich hervorwagt, ihr langes Gesicht ist sehr blaß, ihre schmalen, geraden Lippen verziehen sich, während die unteren, vorspringenden Zähne die oberen verdecken, als wollten sie ein Lächeln vortäuschen, und in ihren sehr hellen, sehr durchscheinenden Augen ist etwas... es ist nichts dergleichen in den noch helleren, durchscheinenderen Augen Gaschas... ja, etwas, was ich noch nie bei jemand anders bemerkt hatte... wie ein beunruhigendes Flämmchen...

Ich habe hier wie in Petersburg eines der Zimmer zur Straße. Draußen gibt es kein silbriges Licht mehr, auch nicht irgendwo weiter weg ausgedehnte Eisflächen und glitzernden Schnee... sondern ein etwas schmutziges Licht, das zwischen Reihen kleiner Häuser mit düsteren Fassaden eingeschlossen ist...

»Das erloschen ist, solltest du ohne Angst vor Übertreibung sagen.«

»Ja, ein lebloses Licht. Seltsam, daß die gleichen Häuser mir, als ich in der Rue Flatters wohnte, lebendig vorgekommen waren, ich fühlte mich beschützt, sanft umhüllt von ihrem gelblichen Grau... und sie führten zu den Belustigungen, zur Sorglosigkeit der Luxembourg-Gärten, wo die Luft leuchtete und bebte.
Hier führten die kleinen, nüchternen Straßen zum

Parc Montsouris. Sein Name allein kam mir schon häßlich vor, die Traurigkeit durchdrang seine weiten, mit kleinen Drahtbögen eingefaßten Rasenflächen, sie sahen so aus, als wären sie dort aufgeklebt, um an richtige Wiesen zu erinnern, und weckten in einem eine bisweilen herzzerreißende Sehnsucht... du wirst mir zugestehen, daß der Ausdruck nicht zu stark ist.
Dort tat ich Vera gegenüber so, als spielte ich im Sandkasten, mit dem Reifen oder rannte über den Kies der Spazierwege, die mit kleinen Drahtbögen gesäumt waren. Selbst die Karussellpferde reizten mich hier nicht.«

Wenn ich abends in meinem Bett lag, dachte ich nur an Mama. Ich weinte, wenn ich unter meinem Kissen ihr Foto hervorholte, auf dem sie neben Kolja saß, ich küßte sie und sagte ihr, daß ich es nicht mehr aushielte, so weit weg von ihr zu sein, sie solle mich doch abholen...
Ich hatte mit Mama abgemacht, daß ich, wenn ich glücklich wäre, ihr ›Hier bin ich *sehr* glücklich‹ schreiben und das ›sehr‹ unterstreichen würde. Und nur ›Ich bin glücklich‹, wenn ich es nicht wäre. Eben dies am Ende eines Briefes zu schreiben, hatte ich eines Tages beschlossen... ich hatte nicht mehr die Kraft, noch mehrere Monate bis zum September

darauf zu warten, daß sie mich wieder zu sich nähme. Ich schrieb also: ›Ich bin glücklich hier.‹
Kurz darauf rief mich mein Vater. Ich sah ihn nur selten. Er ging morgens gegen sieben Uhr, wenn ich noch schlief, und kam abends sehr müde und besorgt heim, beim Essen wurde oft nur geschwiegen. Vera sagte sehr wenig. Die Wörter, die sie aussprach, waren immer kurz, wobei die Vokale zwischen den Konsonanten zerquetscht zu werden schienen, damit jedes Wort gleichsam weniger Platz einnähme. Sogar meinen Namen sprach sie aus, indem sie die a's beinahe ausließ. Das ergab dann einen sonderbaren Klang, es war eher ein Geräusch: N't'sch...
Nach dem Abendessen war es meinem Vater, wie ich wohl spürte, ganz recht, wenn ich zu Bett ging... und ich selbst zog es auch vor, in mein Zimmer zu gehen.

»Du hast da nicht nur geweint...«

»Nein, ich habe wohl auch gelesen, wie immer... Ich erinnere mich an ein Buch von Mayne Reid, das mein Vater mir gegeben hatte. Er hatte es, als er klein war, geliebt... mir machte es nicht viel Spaß... vielleicht war ich zu jung... achteinhalb Jahre... ich floh aus den langen Beschreibungen der

Prärien zu den befreienden Anführungszeichen, welche die Dialoge eröffnen.
Also, wenige Tage nach der Absendung meines Briefes an Mama will mein Vater nach dem Abendessen mit mir sprechen und führt mich in sein Büro, das durch eine Glastür vom Eßzimmer getrennt ist... Er sagt zu mir: ›Du hast deiner Mutter geschrieben, daß du hier unglücklich bist.‹ Ich war ganz erstaunt: ›Woher weißt du das?‹ – ›Ich habe eben einen Brief von deiner Mutter bekommen. Sie macht mir Vorwürfe, sie schreibt mir, man kümmere sich nicht richtig um dich, du beklagtest dich...‹
Ich bin wie niedergeschmettert durch den harten Schlag eines solchen Verrats. Ich habe also niemanden mehr auf der Welt, bei dem ich mich beklagen könnte. Mama denkt nicht einmal daran, herzukommen, um mich zu erlösen, sie will, daß ich hierbleibe und mich dabei weniger unglücklich fühle. Niemals könnte ich mich ihr wieder anvertrauen. Niemals könnte ich mich irgend jemandem wieder anvertrauen. Ich habe wohl eine so große, so tiefe Verzweiflung gezeigt, daß mein Vater, plötzlich seine Zurückhaltung, seine Distanz, die er sonst hier mir gegenüber wahrt, aufgebend, mich fester in seine Arme schließt, als er es je getan hat... er zieht sein Taschentuch hervor, er wischt mit zärtlichem, gleichsam zitterndem Ungeschick meine Tränen ab, und ich glaube, auch in seinen Augen Tränen zu

sehen. Er sagt mir nur: ›Geh zu Bett, mach dir nichts draus‹... ein Ausdruck, den er oft gebrauchte, wenn er mit mir sprach... ›man sollte sich im Leben über nichts grämen, es lohnt sich nicht... du wirst sehen, es renkt sich alles früher oder später wieder ein...‹

In diesem Moment hat ein unsichtbares Band uns für immer und allem Anschein zum Trotz miteinander verbunden, ein Band, das durch nichts mehr zerstört werden konnte. Ich weiß freilich nicht, was mein Vater spürte, aber in dem Alter, ich war noch keine neun, ich bin sicher, habe ich das alles, was sich mir nach und nach im Laufe der folgenden Jahre offenbart hat, auf einmal, als ein Ganzes wahrgenommen... alle meine Beziehungen zu meinem Vater, zu meiner Mutter, zu Vera, und ihre Beziehungen untereinander sind nur eine Abwicklung von dem gewesen, was sich damals verwickelt hatte.«

Wir verbringen den Monat Juli in einer Familienpension in Meudon, damit mein Vater, der nun in Vanves eine kleine Fabrik für die Produktion der gleichen Chemikalien wie in seinem Werk in Iwanowo gründen will, jeden Abend zu uns kommen kann. Das Haus steht in einem großen, rasenlosen, mit Tannennadeln übersäten Park, in dem es nur hohe, dunkle Bäume gibt... Im Eßzimmer setzt sich an einen anderen Tisch ein Mann mit aufgedunsenem, totenbleichen Gesicht, an das mich später der Schauspieler erinnern sollte, der den Mörder in dem deutschen Film »M« spielte. Sobald ich ihn anschaue, starrt er mich, als wollte er mir Angst einjagen, mit seinen glänzenden Augen an. Sein regungsloser, ausdrucksloser Blick läßt mich an den Blick von Raubtieren denken.

Vera wird immer dünner, ihr Gesicht ist ganz gelb, ihr Bauch wölbt sich vor, ich erfahre, wie weiß ich nicht mehr, daß sie ein Kind erwartet. Und eines Morgens kurz nach unserer Rückkehr nach Paris sagt mir mein Vater, der nicht zur Arbeit gegangen war, daß Vera seit dem Vorabend in einer Klinik ist und daß ein kleines Mädchen geboren wurde, ein Schwesterchen für mich... ich würde es sehen, sobald Vera sich besser fühlte, sie habe schrecklich gelitten, und das Baby sei noch sehr schwach.

Wir gehen durch eine trübselige Straße, die genauso lang ist wie ihr Name, Rue-Ver-cin-gé-to-rix, um schließlich die Klinik zu erreichen. Vera lächelt mich freundlich an, ich sehe in einer Wiege neben dem Bett ein kleines, häßliches, rotviolettes Wesen mit einem riesigen, brüllenden Mund, es scheint so Tag und Nacht zu brüllen, als drohte es zu erstikken. Vera sieht besorgt aus, sie hat ihre Hand auf dem Rand der Wiege, die sie hin und her schaukelt. Ich soll das Baby küssen, aber ich fürchte mich, es anzufassen, schließlich entscheide ich mich, meine Lippen auf seine runzlige Stirn zu drücken, die bei seinen gellenden Schreien zu platzen droht... ›Wie soll es heißen?‹ – ›Hélène...‹ Zur Erinnerung an das kleine Mädchen, das drei Jahre vor mir geboren wurde und vor meiner Geburt an Scharlach gestorben ist. Ich hatte sein Foto in Iwanowo gesehen. Es lag in den Armen seiner Amme, die eine hohe, perlenbestickte Haube trug... Es glich Mama, aber es hatte sehr große, wie vom Staunen erfüllte Augen... Man hatte mir gesagt, Papa selbst habe

Hélène gepflegt und in seinen Armen gewiegt und ihr Tod habe ihm soviel Kummer bereitet, daß er krank davon geworden sei.

»Es ist wahr, daß er unter ihrem Tod entsetzlich gelitten hat, aber er ist krank geworden, weil er sich bei ihr mit Scharlach angesteckt hatte.«

»Ich weiß es nun auch, aber es ist nicht das, was man mir gesagt hatte und was ich damals noch glaubte...«

Wenige Tage bevor Vera mit dem Baby heimkommt, werde ich von der Tatsache überrascht, daß alles, was mir gehört, sich nicht mehr in meinem Zimmer, einem ziemlich großen Zimmer zur Straße hin, befindet. Die große, dicke Frau, die sich um alles im Haus kümmert, bringt mir bei, daß ich künftig im Zimmerchen zum Hof wohne, neben der Küche... ›Wer wird in meinem Zimmer wohnen?‹ – ›Dein Schwesterchen mit seinem Kindermädchen...‹ – ›Welches Kindermädchen?‹ – ›Es kommt noch...‹

Wenn jemand daran gedacht hätte, mir zu erklären, daß es nicht möglich wäre, ein Baby und eine erwachsene Person in meinem neuen Zimmer unterzubringen, daß man es nicht anders hätte machen können, so glaube ich, daß ich es verstanden hätte. Aber so gewaltsam aus dem hinausgesetzt, was nach und nach ›mein Zimmer‹ für mich geworden war, und in das hineinverlegt, was mir als ein schauerliches, bislang unbewohntes Kabuff vorkam, hatte ich ein Gefühl, das man sich leicht als das einer

Hintansetzung oder Benachteiligung vorstellen kann. In dem Moment ist die brave Frau, die meinen Umzug beendete, vor mir stehengeblieben, ich saß gerade auf meinem Bett in meinem neuen Zimmerchen, sie hat mich mit einer Miene tiefen Mitleids angeschaut und gesagt: ›Was für ein Unglück ist es doch, keine Mutter zu haben.‹

›Was für ein Unglück!‹ ... das Wort trifft, wie man mit Recht sagen kann, wie ein Peitschenschlag. Riemen, die sich um mich wickeln, umfangen mich fest ... Das ist es also, diese schreckliche Sache, die allerschrecklichste, die sich äußerlich durch verweinte Gesichter, schwarze Schleier, verzweifelte Seufzer zeigte ... das ›Unglück‹, das sich mir nie genähert hatte, das mich nie gestreift hatte, ist über mich hereingebrochen. Diese Frau sieht es. Ich bin darin. Im Unglück. Wie alle, die keine Mutter haben. Ich habe also keine. Es ist unleugbar, ich habe keine Mutter. Aber wie ist das möglich? Wie hat mir das passieren können? Das, was mich Tränen vergießen ließ, die Mama mit einer ruhigen Geste abwischte, indem sie sagte: ›Nicht doch ...‹, hätte sie so etwas überhaupt sagen können, wenn es das ›Unglück‹ gewesen wäre?

Ich nehme aus einem bemalten Holzkasten die Briefe, die Mama mir schickt, sie sind übersät mit zärtlichen Wörtern, sie beschwört darin ›unsere Liebe‹, ›unsere Trennung‹, es ist offensichtlich, daß wir nicht endgültig, nicht für immer voneinander

getrennt sind... Und ist es das eigentlich, ein Unglück? Meine Eltern, die es besser wissen, wären erstaunt, wenn sie dieses Wort hörten... Papa wäre gereizt, verärgert... er haßt solche hochtrabenden Worte. Und Mama würde sagen: Ja, ein Unglück, wenn man sich liebt, wie wir uns lieben... aber kein wahres Unglück... unsere ›traurige Trennung‹, wie sie sie nennt, wird nicht immer dauern... Ein Unglück, all das? Nein, es ist unmöglich. Und doch, diese so starke, dralle Frau sieht es. Sie sieht das Unglück auf mir, wie sie ›meine beiden Augen in meinem Gesicht‹ sieht. Niemand außer ihr weiß es, sie haben alle etwas anderes zu tun. Aber sie, die mich beobachtet, hat es erkannt, es ist bestimmt das Unglück, das die Kinder in den Büchern, in *Heimatlos* oder in *David Copperfield* trifft. Dieses gleiche Unglück ist über mich hereingebrochen, es umfängt mich und hält mich fest.
Ich verharre ein Weilchen regungslos, zusammengekauert auf meiner Bettkante... Und dann wehrt sich alles in mir, lehnt sich alles in mir auf, mit allen meinen Kräften stoße ich es von mir, ich zerreiße es, ich reiße dieses Halseisen, diesen Panzer ab. Ich werde nicht in dem bleiben, worin diese Frau mich eingesperrt hat... sie weiß nichts, sie kann es nicht begreifen.

»War es das erste Mal, daß du so in einem Wort gefangen warst?«

»Ich kann mich nicht erinnern, daß es mir vorher schon passiert wäre. Aber wie oft bin ich seitdem nicht tief erschrocken aus Wörtern geflohen, die einen überfallen und einsperren.«

»Sogar das Wort ›Glück‹, jedesmal, wenn es ganz nahe, so nahe, ja, bereit war, sich auf dir niederzulassen, hast du versucht, es beiseitezuschieben... Nein, nicht das, nicht eines dieser Wörter, sie beängstigen mich, ich will lieber auf sie verzichten, sie sollen sich nicht nähern, sie sollen nichts berühren... nichts hier, bei mir, ist für sie.«

Die kleinen, von traurigen Häusern gesäumten Straßen, Rue du Loing, Rue du Lunain, Rue Marguerin...

»Straßennamen, die immerhin bezaubernd klingen, wenn du sie nun hörst...«

»Ja, wenn ich mich bemühe, den feinen, leichten Klang herauszuhören, den sie in den Ohren von Touristen haben müssen... Oder von jenen Leuten, die, wie sie mir später sagten, das Glück hatten, in diesen kleinen Straßen das verschwiegene, beinahe zärtliche Wohlwollen gefunden zu haben, das die Rue Flatters oder die Rue Berthollet mir einst bescherten.

Aber wenn ich sie so wiederfinde, wie sie damals waren, so nehmen diese Namen Lunain, Loing und Marguerin ebenso wie diese Sträßchen sofort wieder ihr kümmerliches, knauseriges Aussehen an...

Mir scheint, daß im Schutze der leblosen Fassaden, hinter den schwarzen Fenstern, in der Tiefe der kleinen, dunklen Käfige kaum lebendige Leute sich vorsichtig bewegen, sich kaum rühren...

Ich laufe an diesen Häusern entlang, ich trete unter einen Toreingang, der allen anderen gleicht, ich überschreite die gefährliche Stelle, wo eine sogar von den Erwachsenen gefürchtete Concierge in ihrem Verschlag ein Stück von einem gräulichen Vorhang anhebt und mich beobachtet... ich reinige meine Sohlen auf der Fußmatte, ich öffne vorsichtig die doppelte Glastür, ich klettere so schnell ich kann die gebohnerte Treppe hinauf bis zum zweiten Stock... oder ist es der dritte Treppenabsatz? ich klingle, man eilt zur Tür, man öffnet mir... ›Komm, sie sind da.‹

Im Kinderzimmer sehen die Dinge, die kaputten Spielsachen, die durchgesessenen Sitzmöbel nach Freiheit, nach Unbekümmertheit aus, sie haben keinen anderen Wunsch, als sich zu amüsieren, die Betten und Sofas warten nur darauf, daß man sich lachend und kurze Schreie ausstoßend auf sie fallen läßt... aber nicht zu laut... ›Macht bitte etwas weniger Krach, meine Kleinen...‹ Eine Tür öffnet sich ein wenig, man sieht kurz ein ganz weißes Zimmer und einen Zahnarztstuhl... ›Etwas ruhiger, bitte, ich habe Patienten...‹ Madame Perewersew in einem langen, weißen Kittel hat ein Instrument aus glänzendem Metall in der Hand, ihr

Gesicht ist ganz rund und rosig, und ihre Nase zeigt derart nach oben, daß man sagt, und so was macht ihr Spaß, man könne durch die Nasenlöcher hindurch die Gedanken in ihrem Kopf lesen. Ihre Tochter Tanja hat die gleichen Nasenlöcher... man möchte meinen, daß ihre Offenherzigkeit, ihre Schalkhaftigkeit die Löcher so runden und erweitern und ihre Lippen aufwerfen... Von ihrem Bruder, der ein oder zwei Jahre älter ist als wir, habe ich nur den Namen Boris behalten und sein unbändiges Lachen, dem er sich hingab und das sich auf uns übertrug; es wurde von dem Verbot, Krach zu machen, genährt und verstärkt und von Augenblicken des Schweigens unterbrochen, die zum Bersten voll von Gefahr verheißenden, schwelgerischen Explosionen waren.

Dann und wann öffnet sich eine andere Tür, und es erscheint die dünne, dunkle Gestalt von Monsieur Perewersew... aber sein Kopf und der von Tschechow sind nun in meiner Erinnerung zu ein und demselben geworden, sein Kneifer sitzt etwas schief auf seiner Nase, die schwarze Schnur, an der die Brillengläser festgebunden sind, hängt an seiner Wange herab, sein Gesicht ist nachdenklich, ein wenig traurig, er sagt mit sanfter, tiefer Stimme... ›Psst, psst, was soll das, Kinder, laßt mich doch arbeiten.‹«

An wen wenden sich die Postkarten und Briefe bloß, die Mama mir schickt? Wem glaubt sie wie einem kleinen Kind erzählen zu können, daß da, wo sie mit Kolja einen Monat Ferien verbringt, die Mädchen rote Haarschleifen und hübsche Holzschuhe tragen, daß das Meer dort ganz blau ist und daß man Segelschiffe darauf fahren sieht wie die im Becken des Jardin du Luxembourg, aber daß es hier eben richtige, große Schiffe sind...
Sie weiß nicht, wer ich jetzt bin, sie hat sogar vergessen, wer ich war.
Manchmal klingt in diesen kindlichen Schilderungen so etwas wie Fröhlichkeit, wie Zufriedenheit an.
Ich möchte nie mehr einen Brief bekommen, für immer diese Verbindung abbrechen, aber jedesmal halten die zärtlichen, liebkosenden letzten Wörter mich zurück und umfangen mich... ich bin ganz weich, ich bringe es nicht fertig, das Papier, auf das diese Wörter geschrieben wurden, zu zerreißen, ich lege es ehrfürchtig in mein Kästchen.

Ich spreche so wenig wie möglich über Mama... Bei meinem Vater besteht die Gefahr, daß alles, was vielleicht die Erinnerung an sie heraufbeschwört, in ihm etwas aufsteigen, sich zeigen lassen kann... nicht in seinen Worten, sondern in seinem Stirnrunzeln, im Zusammenkneifen der Lippen, die sich vorstrecken, in den schmalen Spalten seiner Augenlider, die sich beinahe schließen... etwas, was ich nicht sehen will...

»Es ist Rachsucht, Mißbilligung... sagen wir gleich: Verachtung.«

»Ich nenne es aber nicht so. Ich gebe dem keinen Namen, ich ahne nur dunkel, daß es da ist, in ihm, verborgen, verdichtet... ich will keinesfalls, daß es sich bewegt, daß es zutage tritt...
Wenn es unvermeidlich ist, bezeichnet mein Vater meine Mutter mit dem Namen ihres Wohnortes:

›Hast du nach Petersburg geschrieben?‹ – ›Da ist ein Brief aus Petersburg für dich.‹ Die Wörter ›deine Mutter‹, die er früher gebrauchte, kommen ihm jetzt, ohne daß ich weiß, warum, nicht mehr über die Lippen.

Und eines Tages ziehe ich, unter dem Blick meines Vaters, den ich auf meinem Gesicht ruhen fühle – ein Blick, der darauf verweilt, der es nicht mehr verläßt –, eine meiner Augenbrauen hoch, wie Mama es zu tun pflegt, ich sperre weit die Augen auf, ich fixiere etwas sehr weit vor mir, meine Augen füllen sich wie die von Mama mit Verwunderung, Verwirrung, Treuherzigkeit, Unschuld...
Mein Vater betrachtet noch, was ich regungslos vor ihm zur Schau stelle...
Aber nicht ich bin es, er ist es, es ist sein Blick, der das in meinem Gesicht auftauchen ließ, er ist es, der es darin fortdauern läßt...«

»Man hätte glauben können, daß das, was sein Blick erscheinen ließ, eher die verschlossene, harte Miene war, die deine Mutter manchmal hatte, die Miene, die sie ihm wohl am häufigsten gezeigt hatte und die er vermutlich am besten kannte.«

»Wenn ich das empfunden hätte, so hätte ich diese Miene aufgesetzt, und ich hätte sie noch verhärtet ... aus Trotz ... wie man es manchmal in ähnlichen Fällen tut ...«

»Ja, und auch aus Verzweiflung ...«

»Aber nicht diese Miene hat mein Vater in meinem Gesicht gesucht, nicht sie hat er wiederfinden wollen, und das, was anschließend geschah, beweist, daß ich es richtig gefühlt hatte. Er hat sich dem Freund, der da war, zugewandt, es war der gemeinsame Freund meiner Eltern, der mich von Berlin mitgebracht hatte ... wir drei waren unter uns ... und mein Vater, der schließlich seinen Blick von mir löste, wandte sich ihm zu und sagte: ›Es ist erstaunlich, wie sehr Natascha manchmal ihrer Mutter gleichen kann ...‹ und in diesen Worten war etwas überaus Zerbrechliches, das ich kaum wahrzunehmen wagte, ich fürchtete, es zum Verschwinden zu bringen ... etwas, was vorbeihuschte, mich streifte, mich streichelte und schon wieder weg war.«

›Es ist nicht dein Haus‹... Man hält es kaum für möglich, und doch hat Vera es eines Tages zu mir gesagt. Als ich sie gefragt hatte, ob wir bald wieder nach Hause gingen, sagte sie zu mir: ›Es ist nicht dein Haus.‹

»Genau das, was die böse Stiefmutter dem armen Aschenbrödel hätte erwidern können. Und das hat dich zögern lassen...«

»So ist es, ich fürchtete, daß ich mich beim Nacherleben dieser Szene dazu verleiten ließe, aus Vera und mir Märchenfiguren zu machen...«

»Man muß schon sagen, daß Vera manchmal, wenn man sie heraufbeschwören möchte, den Eindruck vermittelt, als löste sie sich von der Wirklichkeit, als flöge sie davon in die Fiktion...«

»Könnte man aber diesmal nicht, um in der Wirklichkeit zu bleiben, sich vorzustellen versuchen, daß sie diese Wörter ausgesprochen hat, weil abgemacht war, daß meine Mutter mich wieder zu sich nehmen würde, ich sollte mich nicht zu sehr daran gewöhnen, mich in einem Hause daheim zu fühlen, das ich bald wieder verlassen müßte ... sie wollte mir eine neue seelische Erschütterung ersparen ...«

»Lassen wir es gelten ... Und lassen wir auch gelten, daß sie vielleicht zu fürchten begann, du würdest hierbleiben ... es war für diese junge Frau eine große Last ... die sie gar nicht vorhergesehen hatte ... nichts hatte sie darauf bringen können, daß sie sie für immer übernehmen müßte ... und als du vor ihr gesagt hattest, daß du in dein Haus zurückkehren wolltest, hat sie sich nicht bezwingen können, hat sie den Impuls nicht zurückhalten können, der sie dazu trieb, dich aus diesem Haus zu verdrängen, dich davon abzuhalten, daß du dich dort einnistetest, als wärest du zu Haus ... Ah, nur das nicht! ... ›Es ist nicht dein Haus.‹«

»Man müßte, um wiederzufinden, was diese Worte aus ihr hervorsprudeln lassen konnte, wenigstens noch einmal hören, wie sie klangen ... und spüren, wie das Fluidum, das sie verströmen, einen be-

rührt ... Aber es ist nichts davon übriggeblieben. Es ist möglich, daß sie mit ihrer Gewalt alles zermalmt haben ... selbst in jenem Augenblick hatten sie nichts an sich, war um sie herum nichts Unsichtbares, war nichts zu entdecken, nichts zu untersuchen ... ich habe sie allseits verschlossen, ganz unvermischt und unverblümt vernommen.
Sie sind mit ihrem ganzen Gewicht in mich gefallen und haben ein für allemal verhindert, daß ›zu Hause‹ in mir aufkam, in mir entstand ... Ich sollte nie mehr ›zu Hause‹ sagen, solange ich dort lebte, selbst als feststand, daß es außer diesem Haus für mich kein anderes geben konnte.«

Es ist Oktober, der Unterricht hat begonnen, alle Kinder, die ich kenne, gehen zur Schule... ich möchte auch gerne hingehen, ich bin schon neun... mein Vater hat mir gesagt, er habe nach Petersburg geschrieben, um anzufragen, ob man immer noch beabsichtige, mich wieder aufzunehmen, aber es kam bislang keine Antwort... dabei hat die Schule in Rußland schon Anfang September begonnen... Wäre es nicht besser, wenn ich bis auf weiteres hier eine Schule besuchte? Ganz in der Nähe gibt es die Privatschule der Demoiselles Brébant, die mich auf die Aufnahme in die meinem Alter entsprechende Klasse der Elementarschule vorbereiten könnte.

Ich habe von meinem ziemlich kurzen Besuch der Privatschule Brébant nur behalten, daß meine Schrift, die bis dahin ganz deutlich war, auf einmal unleserlich wurde... ich begriff nicht, was mit ihr geschah... die Buchstaben waren schief, mißraten, die Zeilen verliefen in alle möglichen Richtungen, ich war nicht mehr imstande, meine Hand zu lenken...

In der Privatschule Brébant ist man mir gegenüber sehr geduldig, sehr fürsorglich. Wenn es gelingt, mein Gekritzel zu entziffern, stellt man fest, daß ich weniger Rechtschreibefehler mache als die anderen, ich habe für mein Alter wahrscheinlich schon viel gelesen. Aber ich muß von neuem schreiben lernen. Wie früher, als ich in die Schule der Rue des Feuillantines ging, ziehe ich mit schwarzer Tinte sehr blasse, blaugraue Striche nach, die alle im gleichen Winkel geneigt in einer Zeile stehen... Ich bringe Hefte voller Striche und auch voller Buchstaben heim, die ich auf die gleiche Weise nachzeichnen muß... allmählich wird meine Schrift dank fleißigem Üben wieder folgsam und ruhig...

Es ist wohltuend, beruhigend, hier ganz allein in meinem Zimmer eingeschlossen zu sein... niemand wird kommen und mich stören, ich mache ›meine Aufgaben‹, ich erfülle eine Pflicht, die von allen geachtet wird... Lili schreit, Vera regt sich über ich weiß nicht was oder wen auf, Leute kommen und gehen hinter meiner Tür, nichts von alledem geht mich etwas an... Ich wische meine Schreibfeder an einem viereckigen Stückchen Filz sauber, ich tauche sie in das Fläschchen mit schwarzer Tinte und schreibe die vorgezeichneten Buchstaben sehr sorgfältig nach ... es darf nichts daneben gehen ... die blassen Schemen von Strichlein, von Buchstaben mache ich so sichtbar, so deutlich wie möglich ... ich zwinge meine Hand, und sie gehorcht mir mehr und mehr ...

Ich denke nie mehr daran, ich kann sagen, daß es mir völlig entfallen ist. Und, siehe da, eines Tages fällt es mir wieder ein... Es ist kaum zu glauben... Wie ist es möglich, daß ich es vor kurzem noch empfinden konnte, es ist kaum ein Jahr her, als sie ankamen, in mich eindrangen, mich ganz ausfüllten... ›meine Ideen‹, die nur ich allein hatte, die alles scheitern ließen, ich fühlte manchmal, daß ich zugrunde gehen würde... ein armes, verrücktes Kind, ein wahnsinniges Baby, das um Hilfe ruft... ›Weißt du, Mama, ich habe meine Ideen... Ich glaube, daß du eine Affenhaut hast...‹ Ich ahme, so gut es geht, meinen Ton von damals nach, einen verweinten, jämmerlichen, grotesken Ton... Nur um mich zu amüsieren, nur zum Spaß, versuche ich, da ich es mir gefahrlos erlauben kann, mich an die Befürchtungen zu erinnern, die ich hatte, wenn ich sie nahen spürte... sie tauchten irgendwann plötzlich auf, sie kamen irgendwoher, sie setzten sich fest, sie breiteten sich aus, bei mir fühlten sie sich zuhause... an einem günstigen, für sie geeigneten

Ort, einem unsauberen, ungesunden Ort... Wie herrlich ist doch dieser Gegensatz zu dem, was ich jetzt bin... wie klar, sauber, gewandt, gesund mein Geist nun erscheint... Ideen... nicht ›meine‹ Ideen... nicht mehr dieses verdächtige ›meine‹, dieses beunruhigende ›meine‹... Ideen, wie jeder welche hat, kommen mir wie jedem anderen in den Sinn. Ich kann unbesorgt wer weiß was denken. Gibt es etwas, was mich beschämen könnte, was aus mir ein armes anomales Wesen, einen Paria machen könnte? Nichts. Absolut nichts. Ich könnte noch so lange suchen... ich suche... sie soll nur kommen, wenn sie will, die ›Idee‹... aber es kommt nichts... es gibt keine... Nanu, ich sehe eine, die ›meinen Ideen‹ von früher gleicht, den Ideen, über die ich traurig in einer Ecke grübelte... ich rufe sie herbei, hier ist sie: ›Papa ist eigensinnig. Papa regt sich über nichts und wieder nichts auf. Papas Laune ist oft unausstehlich.‹ Na?... Na und? Ich habe es gedacht, und das gehört mir. Ich bin niemand darüber Rechenschaft schuldig. Aber vielleicht übertreibe ich, vielleicht ist Papa... – Vielleicht... Die Idee ist vorübergeglitten, ist vorbeigezogen... sie sind nun diskret, die Ideen, sie durchdringen mich nur, sie gehorchen mir, ich entscheide darüber, ob ich sie bewahre, ob ich sie solange wie nötig verweilen lasse, wenn es mir einfällt, sie untersuchen zu wollen, ehe ich sie verwerfe. Keine kann mich beschämen, keine kann mich treffen. Oh, wie wohl ich mich fühle ... So was wird mir nie wieder passieren. Nie mehr ...

»Wenn du aber wieder nach drüben zurückgekehrt wärst? Bist du sicher, keinen – sei es auch nur flüchtigen Moment – befürchtet zu haben, daß es dich drüben bei deiner Mutter wieder überkommen könnte?«

»Ich glaube nicht. Mir scheint, daß ich in dem Moment für immer eine Kraft zu besitzen meinte, die nichts zerstören könnte, eine vollständige und endgültige Unabhängigkeit.«

Wenn Monsieur Laran zu meinem Vater kommt, bringt er seinen Sohn Pierre mit. Wir sind gleichaltrig. Mein Vater schätzt Monsieur Laran sehr, er ist ein Gelehrter, er lehrt an einer ›Grande Ecole‹, ich glaube an der Bergakademie. Mein Vater sagt, Pierre sei sehr intelligent, sehr bewandert in Naturwissenschaften, immer Klassenbester. Ich muß einen großen Teil des Nachmittags mit ihm verbringen, und wir müssen Luft schnappen, wir müssen in den Parc Montsouris gehen, um dort zu spielen.
Wir gehen nebeneinander durch die große, trübselige Avenue. Pierre hat viel Ähnlichkeit mit seinem Vater, aber er wirkt älter als er. Ich weiß wohl, daß er so angezogen sein mußte, wie es die kleinen Jungen seines Alters waren, aber wenn ich ihn nun wiedersehe, muß ich den steifen Hut, den er aufhat, zum Verschwinden bringen und ihn durch eine Matrosenmütze ersetzen, ich muß ihm den hohen, steifen, weißen Kragen seines Vaters abnehmen, seinen Hals entblößen, einen breiten Matrosenkragen auf seine Schultern legen und seine lange Hose

in eine Kniehose verwandeln... aber keine dieser Veränderungen erlaubt es mir, aus ihm einen kleinen Jungen zu machen. Ich gehe mit einem alten Herrn spazieren. Einem alten, traurigen Herrn. Man sieht ihm an, daß er viel weiß... worüber? Ich weiß es nicht, über alle möglichen Dinge, von denen ich keine Ahnung habe... Er hört sich mein kindliches Geschwätz an... aber ihn zum Lachen zu bringen, was mir bei fast allen Erwachsenen gelingt, schaffe ich bei ihm nur selten.
Schließlich gebe ich mir keine Mühe mehr. Wir schweigen. Ich denke an allerlei Dinge, die mich erheitern... Und er? Ich frage mich nicht, woran er denkt, ich bin zu sehr damit beschäftigt, meine Nummer vorzubereiten... meinen Auftritt morgen... nein, morgen ist Montag, aber für Donnerstag, wenn ich zu Mischa gehe... ›Na, hast du dich gut amüsiert, Natascha?‹ – ›Nein, du Idiot, und ich werde es dir nicht verzeihen... Du hättest wirklich kommen können. Dein Vater war da...‹ Monsieur Agafonow ist auch Gelehrter. In Rußland lehrte er Geologie an der Universität, er hat Bücher geschrieben. Als er angekommen war und man ihn gefragt hatte, warum er Mischa nicht mitgebracht habe, hat er sein Gesicht verzogen und aufs tiefste betrübt die Hand gehoben, sein ganzes Wesen strahlte vor Zärtlichkeit, vor Stolz, und er hat gesagt... ›Wie sollte es mir gelingen, meinen Taugenichts zu erwischen, ich weiß nicht, wohin er verschwunden ist.‹

Ich weiß es... ›Ich habe noch nie so einen Egoisten wie dich gesehen. Das hättest du doch für mich tun können.‹ Aber ich genieße schon, was sich anbahnt... und Mischa wirft mir den Ball zu... ›Erzähl mal, war es interessant? Wohin seid ihr gegangen?‹ – ›Du verdienst nicht, daß ich es dir erzähle...‹ – ›Ja doch, du darfst es nicht für dich bewahren. Es muß zum Kringeln gewesen sein...‹ – ›Aber dann von Anfang an... Wir gehen die Treppe hinunter... Pierre läßt mich durch die Tür hinausgehen...‹ – ›Das kann nicht wahr sein...‹ Mischas Mutter ist hereingekommen, sie setzt sich in einen Sessel, sie schaut mich mit ihren grünlichen Augen freundlich an, ihr zartes, sanftes Gesicht ist blaß, beinahe grau, in ihrer Hand zerknüllt sie unablässig ein kleines Taschentuch aus Batist... sie ist sehr krank... vielleicht weiß sie es, Mischa spricht nie mit mir darüber... aber sie lacht trotzdem bei jeder Gelegenheit... Sie sagt: ›Da gibt es nichts zu lachen. Pierre ist sehr gut erzogen...‹ wir haben nichts anderes erwartet... ›Sehr gut erzogen. Er ist sehr gut erzogen!‹ Ich kann meine Nummer fortsetzen. Nichts tue ich lieber, als Leute nachahmen. Und wen könnte man finden, der sich besser zur Nachahmung eignete als Pierre? Ich ahme ihn nach, wie er gerade die Tür vor mir öffnet. Ich ahme mich selbst nach, würdig wie eine Dame den Kopf neigend. Und dann schreite ich bedächtig weiter, ich tue so, als hielte ich am Rand eines Bürgersteiges an, so wie es sich gehört... ich blicke vorsichtig zur einen Seite und dann zur anderen... Wir lachen laut auf... Madame Agafonow sagt: ›Ah, siehst du wohl, Mischa, du wirst eines Tages noch überfahren werden...‹ Ich sage belehrend: ›Ja, Mischa, das steht dir bevor. Und du wirst auch eines Tages guillotiniert... Als ich Pierre von allem erzählt habe, was du anstellst...‹ – ›Das hast du doch wohl nicht getan?‹ – ›Doch, ich habe es ihm erzählt...‹ ich darf vor seiner Mutter darüber sprechen... es gibt nichts, was sie mehr rühren könnte... Mischa hat vor dem Laden einer Blumenhändlerin einen Strauß gestohlen, um ihn seiner Mutter zum Geburtstag zu schenken, und als er ihr es dann gestanden und den Strauß zurückgebracht hat, hat ihm die Blumenhändlerin ihn gratis überlassen, und er ist mit dem Blumenstrauß wiedergekommen... ›ich habe ihm erzählt, daß du gestohlen hast...‹ – ›Was hat er darauf gesagt?‹ – ›Er hat große Augen gemacht, er sagte, wie entsetzlich...‹ Ich laufe wie Pierre, so als hätte ich einen Stock in der Hand... Dann ahme ich mich nach, um ihn herumspringend wie ein Hündchen, das, um ein kurzes Lächeln zu erhaschen, Männchen macht... das bettelt: Mein Herr, bitte, nur ein Lächeln... Aber er will nicht... Ich erfinde noch wer weiß was, wir lachen Tränen, Madame Agafonow wischt sich die Augen mit ihrem Taschentüchlein... ›Jetzt ist es aber genug, Kinder, geht mal ein bißchen raus...‹ –

›Aber nicht in den Parc Montsouris, Mama...‹ Mischa nähert sich seiner Mutter, er ist so alt wie ich, aber er ist sehr stark, und sie ist ganz zerbrechlich... sie streckt mit verängstigter Miene ihre Hände aus... ›Nein, nein, rühr mich nicht an, du erdrückst mich noch‹, sie lacht zärtlich, er umarmt sie sanft, und wir gehen los.

Monsieur Agafonow, ein prächtiger, gutmütiger Riese, begegnet uns in der Diele... ›Wo wollt ihr noch hinlatschen?‹ Er packt Mischa an den Ohren und tut so, als wolle er ihn hochheben... ›Ah, du kleiner Halunke...‹ Er sagt zu mir: ›Paß bloß auf. Gott weiß, auf welche verrückte Idee dieser Strolch noch kommen kann...‹ Aber er weiß und ich weiß es auch, daß mir nichts Böses passieren kann, solange ich bei Mischa bin...

Wir gehen in unser Jagdgebiet, die Avenue d'Orléans, und wir beginnen mit unserem Wettkampf. Wer aus den Händen der Straßenhändler die meisten Prospekte einsammelt, gewinnt. Jeder jagt auf einem der Bürgersteige und tauscht dann den Bürgersteig mit dem anderen. Es ist verboten, denselben Straßenhändler ein zweites Mal um den gleichen Zettel zu bitten oder welche vom Boden aufzulesen. Dann gehen wir wieder zu Mischa, und in seinem Zimmer sitzend zählen wir unsere Beute: ganze Stapel weißer, gelber, blauer und rosa Prospekte...

»Was war der Preis für den Gewinner?«

»Ich weiß es nicht mehr. Nichts weiter, scheint mir, als das befriedigende Gefühl, gesiegt zu haben.«

Lili sitzt auf einem durch Kissen erhöhten Stuhl am Eßzimmertisch, der während ihrer Mahlzeiten mit einem weißen Wachstuch bedeckt ist. Sie streckt ihr mageres Ärmchen zu der Klingelschnur an der Hängelampe aus, ihre Augen sind weit aufgesperrt, sie schreit mit schriller Stimme ›Es schaukelt! Es schaukelt!‹ Vera, die neben ihr sitzt, ergreift die Schnur, um ihr Schwanken zu beenden... sie hängt übrigens schon ganz regungslos da... aber das beruhigt Lili nicht, sie schreit immer wieder ›Es schaukelt!‹ Also wickelt Vera die Schnur um die Hängelampe... und dann nimmt sie mit einem Löffel etwas von dem Essen aus dem Teller und bringt es an Lilis Mund... ›Iß, mein Häschen‹... sie nennt sie so oder aber: ›Mein weißes Häschen... du mußt es essen, es ist gut für dich...‹ Was sie Lili herunterschlucken lassen möchte, ist Hirn... nur Lili steht so etwas zu, sie ist so schwächlich, sie braucht diese stärkende, raffinierte Speise... Mich hat das Dienstmädchen, eine freundliche, dicke Person, eines Tages in der Küche ein bißchen davon kosten lassen... Sie versucht manchmal auf diese Weise, so gut sie kann,

Ungerechtigkeit, die sie empörend findet, wiedergutzumachen... ›Hier gibt es davon nur etwas für die Kleine... Es ist wie mit den Bananen, Sie mögen es mir glauben oder nicht, die sind oben im Wäscheschrank versteckt, hinter dem Stapel Laken, damit die Große keine davon nimmt... Ist das nicht ein Jammer, so etwas mitzuerleben...‹ Ich weiß nicht mehr, mit wem sie sprach, aber ich erinnere mich daran, daß mir auf diese Weise etwas Erstaunliches, was ich nie vermutet hatte, mitgeteilt wurde: daß es dieses Versteck gab.

Ich habe das Glück, das graue, milchige, weiche Hirn nicht zu mögen... und wenn ich Lust auf Bananen habe, kann ich mir mit meinem Taschengeld welche kaufen... Ich brauche Papa nicht einmal darum zu bitten, er gibt mir immer welches von sich aus... aber ich glaube nicht, mir jemals Bananen gekauft zu haben, es ist mir wahrscheinlich nie eingefallen...

Vera bietet Lili das stärkende Hirn zunächst mit ruhiger, geduldiger Miene an, aber man spürt, daß sie sich allmählich ärgert... wie sie selbst manchmal sagt: ›Alles zittert in mir.‹ Lili starrt immer noch mit großen Augen die um die Hängelampe gewickelte Klingelschnur an, und ihre Mutter beruhigt sie mit immer heftiger zischender Stimme... ›Du siehst es doch, es schaukelt nicht mehr, also iß...‹ Lili macht den Mund auf, schreit ›Nein!‹ und macht ihn sofort wieder zu. Vera gibt nicht auf.

Ihre ganz blaßblauen Augen werden sozusagen durchscheinend und ein Flämmchen leuchtet darin auf... in ihrem starren Blick ist etwas Eigensinniges, Unerbittliches, das an den Blick eines Tigers denken läßt.

»Weißt du noch, jemand hatte mal gesagt, sie habe manchmal die Augen einer Wildkatze...«

»Und in welchem Ton!... als ob es eine ihrer bezaubernndsten Eigenschaften wäre. Aber ich hatte damals noch nie Wildkatzen gesehen, ich hatte im zoologischen Garten nur die Augen von Panthern und Tigern gesehen. An deren Augen erinnerte mich Vera. Wenn ihre Wut größer wurde, konnte sie nicht mehr sprechen, sie flüsterte dann mit drohender Miene durch die zusammengebissenen Zähne, während ihre Brust sich hob... Nur Lili konnte sie so verwandeln, sie in größte Aufregung versetzen... Und Lili fürchtete sich nicht davor. Es war so, als sähe sie darin einen weiteren Beweis für die Leidenschaft, mit der ihre Mutter sie liebte.«

»Eine einzige Leidenschaft. Lili war ihre Krankheit. Und man merkte, daß diese Wut sich eigentlich nicht gegen Lili richtete, sondern gegen etwas, was jenseits von ihr war... darauf richtete Vera den eigensinnigen, unerbittlichen Blick... auf ein Schicksal, das sie um jeden Preis überwinden wollte... sie würde alles, was das Schicksal ihrem Kind verwehren würde, ausgleichen, ja, mehr als nur ausgleichen, sie würde es, koste es, was es wolle, in ein besseres, in das beneidenswerteste Los der Welt verwandeln.«

»Was mich betrifft, so hatte ich auch keine Angst vor Vera. Ich wußte, daß ich nur dann bei ihr Verärgerung, Ungeduld verbunden mit Feindseligkeit, aber eine Abstand wahrende, kalte Feindseligkeit auslösen konnte, wenn sie befürchtete, daß ich in irgendeiner Weise Lili schadete. Und das versuchte ich nach Möglichkeit zu vermeiden... es kostete mich keine Anstrengung, ich hatte nicht die geringste Lust, mich diesem brüllenden Kind mit seinem verkrampften Gesicht zu nähern...«

»Das gefährlich sein konnte... es war, wenn ihr allein wart, passiert, daß sie Schreie ausstieß, um vorzutäuschen, daß du ihr wehgetan hättest...«

»Aber selbst in solch einem Fall hat Vera mir nicht sehr gezürnt...«

»Sie erlaubte es sich nicht. Vielleicht hatte sie Angst, die undankbare Rolle der Rabenmutter zu spielen...«

»Vielleicht... und außerdem ahnte sie neben mir die wenn auch ferne, aber schützende Präsenz meines Vaters... Mir scheint, daß sie ihn auf ihre etwas ungestüme Art fürchtete, ohne sich darüber so recht im klaren zu sein...«

»Ja, sie ahnte dunkel, daß er ihr Herr und Meister war... Und darf man nicht auch annehmen, daß sie vielleicht vermutet hatte, Lili habe mal wieder Theater gespielt...«

»Nein, das nun doch nicht... Ich glaube nicht, daß sie so scharfsinnig sein konnte... nicht in diesem Fall... Und ich glaube auch nicht, daß Vera imstande war, das Gefühl einer Ungerechtigkeit zu haben, wenn es sich um Lili handelte. Sie hatte sich darauf beschränken müssen, mir zu sagen ›Rühr sie bitte nicht an. Laß sie in Ruhe.‹ Und ich habe ihr wohl geantwortet ›Ich laß sie doch in Ruhe.‹

Seit Lilis Geburt ist Vera sehr mager, ganz blaß, Papa hat mit ihr einen Professor der Medizin aufgesucht, der gesagt hat, sie sei von der Schwindsucht bedroht, sie müsse sehr viel essen... Und seitdem bringt man nachmittags zwei Teller auf den Tisch des Eßzimmers, einen für sie und einen für mich... ich brauche diese zusätzliche Mahlzeit gar nicht, aber Vera hat mir vorgeschlagen, mit ihr zusammen zu essen... Unsere Teller sind voll goldgelber, von frischer Butter glänzender Makkaroni... von der Gabel, die man in den Mund steckt, hängt jedesmal ein langer Faden geschmolzenen Käses herab, den man mit den Zähnen durchbeißt. Ich verschlinge alles, was auf meinem Teller ist, und wenn ich ihn leer habe, bietet Vera mir oft noch den Rest von ihrem Teller an... ›Iß das auf, wenn du willst, ich kann nicht mehr, ich kann mich noch so sehr dazu zwingen...‹

Wenn Vera sich keine Sorgen um Lili macht, wenn sie sie vergißt, wird sie manchmal wieder ganz jung...
In einem Wald in der Umgebung von Paris auf einem Weg, an dem beiderseits hohe Bäume mit Blättern, die sich gelb verfärben, stehen... die Sonne ist erträglich, man riecht den köstlichen, belebenden Duft, der aus dem Moos aufsteigt... ich habe mich mit Veras Hilfe auf mein Fahrrad geschwungen, und sie läuft ein wenig hinter mir her, mit der Hand auf meinem Sattel, und läßt mich dann los... aber an der Biegung, verflixt nochmal, schon wieder, ich stürze... wir lachen... ›Das ist doch nicht möglich, du tust es absichtlich... Weil du Angst hast, verkrampfst du dich. Schau mich an.‹ Ich helfe ihr ein wenig, sich auf den Sattel zu setzen, und sie saust in die Pedale tretend los, sie verschwindet hinter der Biegung... Mein Vater und ich klatschen Beifall, als sie lächelnd wiederkommt... Und auch sie klatscht und ruft ›Bravo!‹, als es mir endlich auch gelungen ist, um die Biegung herumzukommen...

Und wir bringen meinem Vater das Radfahren bei... Aber er ist so steif, so unbeholfen, seiner selbst so wenig sicher... wir laufen neben ihm her und halten ihn an beiden Seiten fest, aber sobald wir ihn loslassen, hält er und setzt einen Fuß auf den Boden... ›Nein, wirklich‹... er sieht beschämt, verlegen aus, er ist unbegabt, wie alt er wirkt... und ich merke, wie er mir plötzlich leid tut...

»Er war aber doch erst zweiundvierzig oder dreiundvierzig...«

»Aber damals war man früher alt als heutzutage. Und er war so unsportlich... er kam mir auf einmal ganz alt vor, und mir schien, Vera sähe ihn auch so und er selbst hätte gespürt, daß er ein Greis neben ihr war, als sie mit mir lief und den Sattel festhielt, als wir beide ihn anfeuerten, als wir uns liebevoll über ihn lustig machten... Wer hätte nicht gesagt, daß Vera meine große Schwester wäre, daß wir seine beiden Töchter wären...

Vera und ich sitzen nebeneinander am Tisch im Eßzimmer, der mit einem dicken, goldgelben Plüschteppich bedeckt ist. Ich betrachte ihre feinen, kleinen Hände, ihre flinken Finger, die in einen breiten Pokal mit Tabak tauchen... es ist eine Mischung, die Papa selbst gemacht hat und der man ein paar Stückchen roher Karotte beigemengt hat, damit der Tabak nicht zu trocken wird... Vera nimmt mit drei Fingern eine Prise Tabak heraus, sie drückt und reibt ihn ein wenig, um die Blättchen gut voneinander zu trennen, und dann breitet sie das Ganze in einem aufgeklappten Metallröhrchen, das vor ihr auf einem Papier liegt, aus... sie drückt den Tabak fest in jede der beiden Röhrchenhälften und klappt sie wieder zu... Dann nimmt sie aus einer großen Schachtel Zigarettenhülsen, die Papa sich aus Rußland schicken läßt, weil er keine anderen Zigaretten vertragen kann, es ist eine Zigarette, deren Kartonende ebenso lang ist wie das Papierende. In diese Hülle aus ganz dünnem Papier schiebt Vera vorsichtig das Metallröhrchen... sie drückt den Tabak, der darin ist, behutsam heraus und füllt die Hülle...

»Aber wie?«

»Ich sehe es nicht mehr so gut. Mir scheint, sie macht es, indem sie ein Kügelchen an einer in das Röhrchen gestanzten Rille entlangschiebt... Und dann zieht sie das Röhrchen wieder heraus, ohne das Papier dabei zu zerreißen, sie klopft mit einem Finger auf das volle Ende der Zigarette, damit der Tabak hineinrutscht, und sie entfernt ein Tabakblättchen, das noch hervorlugt...
Ich beobachte jede ihrer Gesten... ich möchte es gern versuchen... und sie läßt mich, so wie sie es selbst tut, eine Prise Tabak nehmen, sie drücken und reiben, sie in beiden Hälften des aufgeklappten Metallröhrchens ausbreiten, das Röhrchen wieder zuklappen... und dann aus der Schachtel eine Zigarettenhülle nehmen... dort das Ende des Röhrchens einführen, schieben... Vorsicht, nicht zu schnell... ich tue es so sachte ich es kann, aber das Papier ist so zart und ratsch ist es zerrissen...
›Ich möchte es noch einmal, laß mich nur noch einmal...‹ – ›Gut, aber dann ist Schluß.‹ Und wieder zerreißt das Papier... Man darf nicht mehr von neuem beginnen, man darf diese Zigaretten nicht

vergeuden, man kann sie hier nicht bekommen, und Papa kann nicht darauf verzichten.

Aus einer Schreibtischschublade nimmt mein Vater eine Postkarte und reicht sie mir. Ich sehe darauf den dunkelhaarigen Kopf eines Mädchens, der aus einem großen Rosenstrauß auftaucht... ›Sieh mal, was auf der anderen Seite geschrieben steht...‹ Ich erkenne die Schrift meines Onkels Jascha, ich lese: Liebste kleine Taschock, und andere zärtliche Wörter... Und allerlei Bilder von ihm kommen mir in den Sinn, es mußte damals viele davon geben, eines sehe ich jedenfalls deutlich, das einzige, was mir geblieben ist, was immer da ist...

Er geht neben mir und hält mich an der Hand, er ist so dünn wie Papa, aber größer und jünger... er hat mich in der Rue Flatters abgeholt, er trifft Mama wohl und spricht sogar manchmal ein paar Worte mit ihr... Wir überqueren den großen Platz vor dem kleinen Teil des Jardin du Luxembourg... und kurz bevor wir durch das Törchen gehen, bleibt er stehen, läßt meine Hand los, neigt sich mir zu, zieht den Handschuh aus und knöpft ungeschickt den Kragen meines langen, grauen Pelerinenmantels

zu... er schaut mich an... seine Augen gleichen sehr Papas Augen, aber sein Blick ist weniger durchdringend, viel sanfter... von seinem schmalen, blassen Gesicht und seinen Gesten geht auf mich ein sanftes Gefühl der Zärtlichkeit über...
›Man hat diese Postkarte bei ihm gefunden...‹ Mein Vater braucht mir nicht mehr darüber zu sagen, ich weiß, daß mein Onkel auf der Schiffsreise von Schweden nach Antwerpen, wo mein Vater ihn erwartete, in seiner Kabine erstickt ist... Um die Auslieferung meines Onkels an die ›Ochrana‹ zu verhindern, ein schreckenerregender Name, den ich hier gelernt habe, hat mein Vater Rußland für immer verlassen müssen... Papa hat die Postkarte wieder an sich genommen... ›Gibst du sie mir nicht?‹... ›Nein, ich wollte sie dir nur zeigen, aber ich werde sie für dich aufbewahren...‹ Ich möchte am liebsten weinen, mir scheint, daß ihm genauso zumute ist, ich möchte mich in seine Arme werfen, mich an ihn drücken, aber ich wage es nicht... Hier ist er nicht mehr so wie früher, er ist kühl und verschlossen...

»Er nannte dich nie mehr Taschock...«

»Es hat eine Weile gedauert, bis es mir auffiel... Mir scheint, daß ich damals bei ihm nur eine gewisse Reserviertheit bemerkte, eine Verlegenheit... vor allem, wenn Vera dabei war, und sie war fast immer dabei. Aber selbst in einem solchen Moment, wenn wir, Papa und ich, unter uns waren, und zwischen ihm und mir, zwischen uns allein die so starke Bindung bestand, blieb dennoch Verlegenheit.«

Daran soll es nicht scheitern! Da Vera es abgelehnt hat, mir eins davon zu kaufen, ist mein Entschluß im Nu gefaßt... Ich bleibe ein wenig zurück, strecke die Hand aus, packe eines der Tütchen voll Dragées, die aufgestapelt draußen in der Auslage eines Süßwarengeschäfts liegen, verstecke es in meinem weiten Kittel mit Matrosenkragen und schließe mich Vera wieder an, während ich mit einer Hand das Tütchen an meinen Bauch drücke... aber man holt uns sehr schnell ein... die Verkäuferin hat mich durch das Schaufenster gesehen... ›Die Kleine hat gerade eine Tüte Dragées gestohlen...‹ Vera schaut sie von oben bis unten an, ihre Augen werden ganz groß, ganz blau... ›Was sagen Sie da? Das ist unmöglich!‹ Und ich schüttle automatisch den Kopf und sage ohne Überzeugung ›Nein!‹... die Verkäuferin weist auf die vorspringende Stelle unten an meinem Kittel oder blickt nur darauf, und das genügt, ich ziehe das Tütchen unter dem Gummiband, das es umspannt, hervor und gebe es zurück... Wortlos folgen wir Vera, die auf das

Geschäft zugeht, es durchquert, nach hinten zur Kasse eilt, sich entschuldigt und das Tütchen bezahlt... Die Kassiererin sagt voller Mitgefühl: ›Ach, wissen Sie, die Kinder heutzutage...‹ Die Verkäuferin will das Päckchen reichen, aber Vera wehrt ab... ›Nein, danke...‹ Sie weigert sich, es anzunehmen.
Wir verlassen das Geschäft und gehen nach Hause... ich weiß nicht mehr wie... ohne über etwas zu sprechen, jedenfalls bestimmt nicht über das, was gerade geschehen ist.
Mit einer Hartnäckigkeit, die nichts zu überwinden vermag, wenn sie sich erst einmal für etwas entschieden hat, vermeidet Vera es, sich in meine Erziehung einzumischen. Mir scheint, daß dies auf Auseinandersetzungen zwischen ihr und meinem Vater zurückzuführen ist... ich habe nie etwas davon gehört, aber ich vermute, daß mein Vater ihr meinetwegen Vorwürfe gemacht hat...

»Obgleich du dich nie beklagt hast...«

»Ich sprach nie mit ihm über Vera.«

»Warum nicht, frage ich mich... du hattest doch keine Angst davor...«

»Nein... Das ist übrigens merkwürdig... ich hatte gewissermaßen das Gefühl, auf der gleichen Stufe wie sie zu stehen.«

»War es nicht vielmehr deshalb so, weil du fürchtetest, deinem Vater Kummer zu bereiten...«

»Vielleicht... ich hatte den Eindruck, daß er nicht glücklich war, er schien mir besorgt zu sein... er hatte etwas an sich, das in mir das Bedürfnis weckte, ihn zu beschützen...«

Als wir zuhause angekommen waren, ist in meiner Anwesenheit nichts gesagt worden, aber ich wußte, daß Vera es ihm empört erzählen würde... und ich fragte mich, ob mein Vater ihr vorwerfen würde, daß sie abgelehnt hatte, mir... er hätte es bestimmt nicht abgelehnt, und dann wäre es auch nicht passiert.
Das habe ich mir wohl sagen müssen, als ich, wie immer kurz nach dem Abendessen in mein Zimmer gegangen bin und Vera in ihres und mein Vater in sein Büro...
Ich liege in meinem Bett, kurz vor dem Einschlafen, als mein Vater mit ärgerlicher Miene hereinkommt... ›Wie hast du nur so etwas tun kön-

nen? ... Ist dir klar, in welche Lage du Vera versetzt hast... und dich selbst? ... welche Schande...‹, ich merke, daß er müde ist, daß es ihm wirklich schwerfällt, eine ärgerliche Miene aufzusetzen, er beginnt, in meinem Zimmer auf- und abzugehen, mir scheint, daß er versucht, sich aufzuregen... ›Es ist unglaublich! eine solche Unehrlichkeit, soviel Verstellung...‹ Er bleibt vor meinem Bett stehen... ›Was ist denn bloß in dich gefahren?‹ – ›Es ist passiert, weil ich so große Lust darauf hatte...‹ Durch diese Antwort gebe ich ihm, ohne es zu wollen, den Schwung, die Kraft, die ihm fehlen...

»Ganz sicher ohne es zu wollen, so weit ging deine Fürsorge für ihn nicht...«

»Diese Worte machen ihn wütend... Er wiederholt sie: ›Weil ich Lust darauf hatte! Lust darauf hatte! Deshalb nehme ich mir wer weiß was heraus! Ich lasse mich wie eine Diebin ertappen, ich füge anderen Schaden zu... Ich habe Lust darauf, nun ja, ich tue alles, was mir gerade einfällt... Man höre sich das mal an, ich habe Lust darauf...‹ mir scheint, daß er jetzt wirklich leidet und wütend ist... ›Und ich? Bildest du dir etwa ein, daß ich alles tue, worauf ich Lust habe? Was glaubst du wohl? ... Ich habe so große Lust darauf, also hält mich nichts mehr zurück, nichts zählt mehr...‹ Die jähzornigen Worte gehen bei mir zum einen Ohr herein und zum anderen wieder hinaus, irgendwohin, weit weg von mir... ›Ah, wenn man eine solche Natur hat wie die da...‹ ich spüre nun, wie er mich verabscheut... ich kann sogar ohne Übertreibung sagen: wie er mich haßt... Also wende ich mich zur Wand... Er sagt noch ein paar Worte wie... ›Das wird ja später heiter werden, das ist vielversprechend, das wird dich weit bringen...‹ und er geht voller Wut die Tür schließend hinaus.«

Ich tue nichts, ich döse vor mich hin an einem großen, schmiedeeisernen Tisch, der in einem kahlen Garten steht, wahrscheinlich in dem Garten einer Villa in der Umgebung von Paris, ist es in Clamart oder in Meudon?, wo wir den Sommer verbringen. Adèle, die aus der Bretagne gekommen ist, um sich um Lili zu kümmern, sitzt mir gegenüber, ein wenig vom Tisch abgerückt, über ihre Näh- und Stickarbeit gebeugt. Ihr Gesicht ist faltig und fahl, ihr zu einem kleinen Knoten im Nacken zusammengebundenes Haar ist leicht ergraut, sie trägt wie immer ein langes, graues Kleid, ihre Nase ist krumm wie ein Schnabel, ein Ende ihres zerknitterten Lids hängt über das Auge herab... wie bei gewissen Raubvögeln... aber sie sieht nicht so furchterregend aus wie diese Tiere, wenn sie regungslos, schläfrig in ihren großen Käfigen hokken. Sie ist sehr lebhaft, sehr rührig, und ich habe an ihr nie etwas Böses entdecken können... auch nichts Gutes, man möchte meinen, sie sei nicht imstande, etwas zu empfinden.

Während sie näht oder stickt, bittet sie mich darum, ihr die Schere, die neben mir auf dem Tisch liegt, zu reichen. Ich erfasse sie zerstreut an irgendeinem Ende und halte sie ihr hin... Sie hat aufgeblickt, sie starrt mit ihren schwarzen, glänzenden, ausdruckslosen Äuglein auf die auf sie gerichtete Stahlspitze, und von ihren schmalen Lippen kommen die Worte: ›Hat man dir bei deiner Mutter denn nicht beigebracht, daß man eine Schere so nicht reichen darf?‹ Ich weiß sehr gut, wie man spitze Gegenstände wie Scheren und Messer zu reichen hat, aber ›bei deiner Mutter‹ hält in mir zurück, was gerade hervorkommen wollte... ›Oh, Entschuldigung.‹
›Bei deiner Mutter...‹ wo ich doch niemals jemand in Anwesenheit von Adèle die geringste Anspielung auf meine Mutter habe machen hören. Nie etwas, was mich auf den Gedanken hätte bringen können, daß Adèle von ihrer Existenz weiß. Und es zeigt sich nun, daß sie nicht nur von der Existenz meiner Mutter weiß, sondern meine Mutter immer im Auge hat... sie sieht sie durch mich hindurch... Sie sieht an mir immer, wie ich durch sie geprägt wurde. Sie sieht Zeichen, die ich, ohne es zu wissen, trage... schlechte Zeichen...

»Negative Zeichen... Ja, sie sind negativ bei dir, während die gleichen Zeichen bei anderen positiv sind... Bei dir bekommen die Zeichen die entge-

gengesetzte Bedeutung. So sagen sowohl Adèle als auch Vera mit einem geringschätzigen Unterton von dir ... ›Oh, sie ist nicht schwierig, sie ißt alles, was man ihr vorsetzt‹, was bedeuten soll, daß Lilis dauernde Nahrungsverweigerungen und launische Zikken Zeichen ihres feinsinnigen Temperaments sind ... Wie übrigens ihre zarte Gesundheit eine hervorragende Eigenschaft ist, während deine Gesundheit das Merkmal einer ziemlich groben, etwas plumpen Natur ist.
Und auch das Wort ›nervös‹ bekommt, wenn es im Zusammenhang mit Lili gebraucht wird, seinen positiven Sinn ... ›Sie ist nervös‹ bedeutet: ›Welche Lebenskraft sie hat, wie lebendig sie ist!‹

Dies alles hätte mich erraten lassen müssen, was ich in Adèles Augen war, was sie als vollkommene Dienstbotin sehr schnell begriffen hatte ... Diese Art Dinge begriff sie sofort, so etwas mußte sie sich wohl sagen, wenn sie, die Haut von einer ihrer mageren Wangen ziehend und kneifend, die Luft zwischen den Zähnen an der Seite mit einem kurzen Schnalzen eindringen ließ, was zu bedeuten schien ›Ich bin nicht von gestern ... Ich kenne das Leben. Ich laß mir nichts vormachen. Ah, was soll's, es ist nun mal so ...‹ und sie begleitete diese im allgemeinen durch ihr kurzes Schnalzen ausgedrückten Überlegungen mit einem Kopfschütteln und einem

›Allerdings... Das ist klar‹, was ihre Gewißheit andeutete. Da war kein Zweifel möglich. Sie hatte schon bei ihrer Ankunft die Atmosphäre des Hauses gewittert, sie hatte gemerkt, woher ›der Wind wehte‹, sie wußte, wo die schwache und wo die starke Seite war. Wer das Kind der Herrin des Hauses war und wer das Kind einer Frau war, die die Herrin des Hauses nicht in ihrem Herzen trug, an der die Herrin des Hauses immer etwas auszusetzen hatte, das Kind, vor dem man, wenn es einem gerade einfiel, ohne weiteres, nicht aus Bosheit, aber weil es nun mal so war, äußern durfte, ›Ist ja klar, man kann nichts daran ändern... da drüben, wo sie her ist, kennt man so was nicht, da hat man keine Ahnung von solchen Feinheiten... Hat man dir bei deiner Mutter denn nicht beigebracht, wie man Scheren zu reichen hat?‹«

»Es ist nicht leicht zu begreifen, woher du sie nur haben mochtest... wie niemals zuvor, niemals, als du dich auf die Aufnahme in die Privatschule Brébant vorbereitetest... diese Fröhlichkeit, diese Ungeduld...«

»Es ist nicht gerade das, was Freunde meines Vaters vor mir gesagt haben... ›Sie muß unbedingt auf die Elementarschule geschickt werden. Es gibt nichts besseres als diesen Unterricht. Solide Grundlagen für das ganze Leben...‹ ich erinnere mich an jedes Wort, aber das hat nicht genügt, ich war mit zehn Jahren kein so vernünftiges, kleines Monstrum...«

»Nein, das kann nicht die sonderbare Begeisterung für die abweisend aussehende Schule der Rue d'Alésia erklären. Ihre staubigen Backsteinmauern glichen denen der Schule in der Rue des Feuillantines, sie waren ebenso trübselig, ebenso traurig.«

»Ich hörte von meinem Zimmer aus, das zu einem an den Pausenhof grenzenden Innenhof hin lag, die lauten Rufe, das Geschrei der Kinder, sie mußten wie wir früher auf einem mit Kies oder Zement bedeckten, baumlosen Viereck losgelassen worden sein... und dann, bei dem Pfiff, wie ein Sturz, wie eine plötzliche Ohnmacht, diese vollkommene Stille.
Aber während ich Vera betrachte, die auf dem Tisch ein großes, marineblaues Blatt Packpapier ausbreitet, die Hefte und Bücher in der Mitte aufschlägt, sie bald so, bald so auf das Blatt legt, sie wieder verschiebt, die Lage abschätzt, überlegt, dann das Papier zuschneidet, es faltet, Buch oder Heft zuklappt, den Umschlag glättet, das Ganze zusammenpreßt und es endlich betrachtet... sie sieht dabei jung, angeregt aus, sie scheint dies lieber zu tun, als Zigaretten zu stopfen... was ich bei ihrem Anblick empfinde, gleicht meiner fröhlichen Erregtheit, als ich zuschaute, während man all das ausschnitt, zusammenrollte, klebte, bemalte, mit Goldfäden festband und mit Schleifchen verzierte, was zum Schmücken des Weihnachtsbaums bestimmt war.
Ich bitte Vera nicht daraum, ihr helfen zu dürfen, ich sehe, daß es zu kompliziert ist, ich will nichts beschädigen, aber sie erlaubt mir, mit Hilfe eines in Wasser auf dem Boden einer Untertasse getauchten Wattebauschs ein großes, weißes Etikett mit blauem

Rand zu befeuchten und es genau in der Mitte eines jeden Buches oder Heftes aufzukleben. Und mit meinem neuen, roten Federhalter, in dem eine neue Feder mit breitem Ende steckt, schreibe ich dann in meiner schönsten Schrift oben auf das Etikett: Nathalie 𝔗cherniak...

»Wie fällt dir plötzlich, nach so langer Zeit, dieses verschnörkelte 𝔗 wieder ein, während du doch später deinen Namen stets mit einem T wie der Druckbuchstabe geschrieben hast...«

»Ich habe das altmodische 𝔗, das ganz aus meinem Gedächtnis verschwunden war, nun wieder vor Augen. Das andere, ganz einfache aus zwei Strichen habe ich erst im Lyzeum geschrieben. Ich fand es damals neuartiger, ziemlich gewagt...«

»Erinnerst du dich daran, wie Vera, als sie eines Tages dieses T sah, zu dir sagte... ›Ei, das ist ja viel hübscher... Wie bist du nur darauf gekommen? Auch ich werde es so schreiben...‹ und diese beinahe bewundernde Zustimmung Veras... das war etwas so Seltenes...«

»Es hat mich damals sehr erstaunt, es hat mir sehr geschmeichelt.«

Jeden Morgen um die gleiche Zeit sagte mein Vater, bevor er die Eingangstür hinter sich zumachte, als spräche er laut zu sich selbst: ›Ich bin weg.‹ Nicht ›Ich geh weg‹, sondern ›Ich bin weg‹... als fürchtete er, zurückgehalten zu werden, als wolle er schon weit weg, schon dort drüben in seinem anderen Leben sein... Und ich machte mich ebenso ungeduldig auf meinen Weg...

»Aber du hast dich nicht mit ihm verglichen...«

»Ich verglich mich mit niemand. Ich versuche nur, durch das, was ich in ihm wahrnahm, wiederzufinden, was sich in mir abspielte, wenn ich mit meiner Schultasche in der Hand die Treppe hinuntereilte und zur Schule lief.

Der unbestimmbare Geruch eines Desinfektionsmittels, die Zementtreppen, die Klassenräume, die einen baumlosen Schulhof umschlossen, ihre schmutzig-beigen, hohen Wände ohne anderen Schmuck als die schwarze Tafel hinten auf dem Podest und eine verblaßte Karte der Départements Frankreichs, von alledem ging etwas aus. Ich hatte schon am Eingang das Gefühl, vielmehr das Vorgefühl eines Lebens, das ...«

»Etwas mehr versprach?«

»›Etwas mehr‹ ist nicht der richtige Ausdruck. ›Etwas anderes‹ wäre besser. Ein anderes Leben. Es gibt keinen Vergleich zwischen meinem Leben, das dort drüben, draußen geblieben ist, und diesem ganz neuen Leben... Wie soll man es aber, an welchem Ende soll man es packen, damit dieses damals neue Leben, mein wahres Leben, wenn auch nur in geringem Maße, in mein Gedächtnis zurückkehrt...«

»Gib acht, du verfällst sonst in einen schwülstigen Ton...«

»Gut, versuchen wir zunächst, nur einen Moment dieses Lebens zu isolieren... in dem allein... laß es mich bitte sagen... in dem so viel Vergnügliches zusammenkommt...«

In meinem etwas zu steifen, dicken, langärmeligen, auf dem Rücken nicht leicht zuzuknöpfenden schwarzen Kittel steckend, beuge ich mich mit den Mädchen meiner Klasse, die fast alle noch ebenso klein und jung wie ich sind, über mein Pult... wir schreiben auf ein Blatt Papier, auf das jede zuerst oben links ihren Vor- und Familiennamen und oben rechts das Datum und in die Mitte das Wort ›Dictée‹ geschrieben hat, das ebenso wie Name und Datum unterstrichen werden mußte, indem man seine Feder geschickt, ohne zu klecksen, an einem Lineal entlanggleiten ließ. Der Strich muß ganz gerade und sauber sein.

Die Lehrerin geht in den Gängen zwischen den Bänken auf und ab, ihre Stimme klingt hell, sie spricht jedes Wort ganz deutlich aus, manchmal mogelt sie ein wenig, indem sie absichtlich eine Wörterbindung besonders betont, um uns zu helfen, um uns leichter verstehen zu lassen, mit welchem Buchstaben ein gewisses Wort endet. Die Wörter des Diktats scheinen wegen ihrer Schönheit, wegen ihrer vollkommenen Reinheit ausgesucht worden zu sein. Jedes hebt sich klar ab, seine Form zeigt sich ganz deutlich wie sonst nie bei irgendeinem Wort in meinen Büchern... und mit Leichtigkeit, mit einer natürlichen Eleganz schließt es sich an das vorhergehende an, und verbindet es sich mit dem folgenden... man muß sich davor hüten, die Wörter zu beschädigen... eine leichte Angst erregt

mich, während ich suche... ist das Wort, das ich schreibe, wirklich identisch mit dem, das ich schon gesehen habe, das ich kenne? Ja, ich glaube wohl... muß man es denn mit den Buchstaben ›ent‹ beenden? Aufgepaßt, es ist ein Verb... erinnere dich an die Regel... ist es sicher, daß das Wort da drüben sein Subjekt ist? Gib gut acht, übersieh nichts... es gibt in mir nichts anderes mehr als das, was sich jetzt spannt, was durchliest, zögert, zurückblickt, findet, hervorhebt, prüft... ja, es stimmt, dies ist das Subjekt, es steht im Plural, ein ›s‹ steht an seinem Ende, wie es sein muß, und das nötigt mich, an das Ende dieses Verbums ›ent‹ zu schreiben...
Auf meine Befriedigung, meine Beruhigung folgt bald eine neue Sorge, und aufs neue spannen sich alle meine Kräfte... welches Spiel könnte spannender sein?
Die Lehrerin sammelt unsere Blätter ein. Sie wird sie sich genau ansehen und die Fehler mit roter Tinte auf dem Rand notieren, sie zusammenzählen und dann eine Zensur erteilen. Nichts kann der Richtigkeit dieser Note, die sie unter meinen Namen schreiben wird, gleichkommen. Es ist die Gerechtigkeit selbst, die reine Redlichkeit. Dieses Ergebnis allein läßt den Anflug von Zustimmung auf dem Gesicht der Lehrerin erscheinen, wenn sie mich anschaut. Ich bin nichts anderes als das, was ich geschrieben habe. Nichts, was ich nicht kenne, was man in mich hineinlegt, womit man mich ohne mein

Wissen belegt, wie man es dauernd da drüben, da draußen in meinem anderen Leben tut... Ich bin gefeit gegen Launen, Einfälle, undurchschaubare, beunruhigende, plötzlich hervorgerufene Regungen... womöglich durch mich selbst? oder wegen dem, was man hinter mir wahrnimmt und was ich verdecke? Und bis hierher dringt auch nichts von jener Liebe, von ›unserer Liebe‹, wie Mama sie in ihren Briefen nennt... die etwas in mir aufkommen läßt, was mir wehtut, was ich dem Schmerz zum Trotz hegen und pflegen sollte und was ich schändlicherweise zu ersticken versuche... Von alledem keine Spur hier. Hier bin ich in Sicherheit.

Gesetze, die alle zu beachten haben, beschützen mich. Alles, was mir hier geschieht, hängt nur von mir ab. Ich selbst bin dafür verantwortlich. Und die Fürsorge, die Aufmerksamkeit, die man mir angedeihen läßt, sollen es mir lediglich ermöglichen, das, was ich selbst wünsche, zu erwerben, und das, was besonders mir soviel Vergnügen bereitet, zu vollbringen... ›Aber Nathalie, was ist dir schon wieder mit dem Verbum »apercevoir« passiert? Du hast es ja schon wieder mit zwei p geschrieben!‹ – ‹Oh, wie ist das nur möglich?... nur weil ich wieder an »apparaître« gedacht habe...‹ – ›Hör zu, meine Kleine, weißt du, was du machen wirst? Du wirst zwanzigmal schreiben, daß du beim Verbum »apercevoir« nur ein p siehst.‹ Und ich bewundere ihren Einfallsreichtum.

Es geschieht, wie alles, was man hier tut, ›zu meinem Besten‹, man bemüht sich, das in meinen Geist hineinzubringen, was ihm genau angemessen ist, was eigens für ihn vorgesehen ist...

»Nicht ganz jedoch... es scheint oft schwer faßbar zu sein, etwas zu verschroben oder zu weitreichend...«

»Ja, gerade genug, damit mein Geist angespannt bleibt und nicht erschlafft, um ihn zu veranlassen, sich so weit wie möglich auszudehnen und dem, was sich einstellt, dem, was ihn ganz erfüllen soll, Platz einzuräumen... die Zahlen des Einmaleins oder die Namen der Départements und dann die der Präfekturen und dann – noch eine kleine Anstrengung, damit sie ihn besetzen, sich gut in ihm niederlassen können – die Namen der Unterpräfekturen... da sind sie endlich alle an ihrem Platz... sie hören meinen Ruf, ich brauche nur den Namen eines Département zu nennen, und schon stellen sich die Namen der Präfekturen und Unterpräfekturen ganz folgsam nacheinander ein... Nur die vollkommene Beherrschung kann eine derartige Befriedigung verschaffen.
Selbst drüben, draußen, beschützt mich die Schule. Man geht an meiner Tür vorbei, ohne anzuhalten, man läßt mich arbeiten...

Ich darf hingegen in das Arbeitszimmer meines Vaters gehen, wenn er, wieder heimgekehrt, mit ausgestreckten Beinen in seinem dunkelgrünen Ledersessel sitzt und sich nach dem stehend vor seinen Reagenzgläsern und Retorten verbrachten Tag ausruht... aber er behauptet, die Müdigkeit während der Arbeit nicht zu spüren... Er legt, sobald ich hereinkomme, die Chemie-Fachblätter, die er gerade überfliegt, oder seine dicke Abendzeitung weg... Er schaut sich das Schulheft, das ich in der Hand habe, an...

»Als du in der letzten Elementarschulklasse warst, kamst du mit den Aufgaben zu ihm, die deinem Geist wirklich nicht angemessen zu sein schienen.«

»Ich konnte noch so oft versuchen, wieder darauf zu kommen, wie das Problem anzupacken war, es gelang mir doch nicht, die Menge der Liter Wasser auszurechnen, die aus den Hähnen floß, oder diese schrecklichen Ankunftszeiten einander begegnender Züge... Mein Vater fand diese Zahlen im Nu durch das geheimnisvolle, wunderbare Verfahren der Algebra heraus... ›Das hier muß das Ergebnis sein... Du wirst es allerdings arithmetisch errechnen müssen... Das hat man mir leider nicht beigebracht.‹ Und schon bemühen wir uns beide, mein

Vater neben mir an seinem Schreibtisch und ich mich an das zu erinnern versuchend, was die Lehrerin erklärt hat ... was ich behalten zu haben glaubte und was mir entfallen ist ... manchmal gelingt es uns, mit vereinten Kräften am Ende unserer Berechnungen die Zahl herauszufinden, es ist die gleiche, es ist genau die gleiche, die mein Vater dank seiner Algebra gefunden hat. Die gleiche Zufriedenheit erfüllt uns, entspannt uns, sie zeigt sich zaghaft in unseren Gesichtern, wenn wir ins Eßzimmer gehen, uns an den Tisch setzen und, ohne noch ein Wort über unsere Aufgabe zu verlieren, mit den anderen unsere Mahlzeit einnehmen.
Aber manchmal haben wir die Lösung noch nicht finden können, dann setzen wir unsere Bemühungen nach dem Abendessen fort.«

»Es ist vorgekommen, daß dein Vater dir schließlich sagte, du solltest zu Bett gehen ... er würde diesen oder jenen Freund, der ganz in der Nähe wohnt, um Hilfe bitten ... ›Der weiß das, er ist auf diesem Gebiet besser als ich ... Aber wie kann man nur solche Probleme von Kindern lösen lassen!‹«

»Ich bin beinahe oder sogar ganz eingeschlafen, als Papa hereinkommt ... ›Schläfst du?‹ – ›Nein, es macht nichts ... Sie haben es also herausgekriegt?‹ –

›Ja, es ist ganz einfach, wieso sind wir nur nicht darauf gekommen?‹ Papa setzt sich neben mich aufs Bett und erklärt es mir... Es kommt mir nicht so einfach vor... es verschwimmt... ist verwickelt... und plötzlich sondern sich ganz deutliche Teile ab, die, wie von selbst, an ihren richtigen Platz rükken... es kann keinen anderen für sie geben... in tadelloser Ordnung folgen sie einander bis zu der Zahl, die auf sie alle wartet, die das unzweifelhafte Zeichen ihrer Erfüllung ist... ›Ich werde es sofort aufschreiben.‹ – ›Also schnell, beeil dich, es ist schon spät.‹

Ich weiß nicht mehr, wo es passiert ist... im Nebel, der alles umhüllt, erkenne ich nur undeutlich die Gestalt meines Vaters, der neben mir sitzt. Mir scheint, daß er von der Seite zu sehen ist, er schaut mich nicht an, als er mir, ich weiß nicht mehr mit welchen Worten, mitteilt, meine Mutter schlage vor, mich wieder zu sich zu nehmen.

»Nach anderthalb Jahren... oder vielleicht zwei...«

»Er sagt mir, sie knüpfe eine Bedingung daran: sie könne nicht selbst kommen oder mich abholen lassen, er müsse es übernehmen, mich zu ihr zu schikken... Und er wisse ganz genau, daß wenn ihr wirklich daran liege, sie es sehr gut könne, sie habe die nötigen Mittel dafür... und was ihn betreffe, so werde er diesmal keinen Finger rühren, um ihr zu helfen, es sei denn... ›Es sei denn, daß *du* es wünschst...‹

Es ist nicht schwer, das wiederzufinden, was die Stille wohl ausfüllte, die meiner Antwort voranging: der Schock, der durch das plötzliche Wiedererscheinen all dessen erzeugt wurde, von dem ich losgerissen worden war, was ich mühsam zu verdrängen versucht hatte, was die Briefe von drüben, die, als wären sie unwirklich, von immer weiter her kommend, zu entfernen geholfen hatten... und hinter dieser rücksichtslosen Annäherung zeigte sich eine neue Entfernung... und obendrein noch das, womit mein Vater mich belastet, die Verantwortung für den Entschluß, den ich allein fassen soll... und was noch, was ebenso wahrscheinlich ist?... aber diese Rekonstruktion von dem, was ich habe empfinden müssen, gleicht einem Modell aus Pappmaché, das als verkleinerte Nachbildung wiedergibt, was die Gebäude, Häuser, Tempel, Straßen, Plätze und Gärten einer versunkenen Stadt gewesen sein könnten...«

»Nicht ganz...«

»Etwas ragt noch ganz realistisch als eine ungeheure Masse empor... Die Unmöglichkeit, mich von dem, was mich so stark festhält, zu lösen, ich habe mich darin eingegliedert, es richtet mich auf, es unterstützt mich, härtet mich, läßt mich Gestalt annehmen... Es verleiht mir jeden Tag das Gefühl, bis zum Höhepunkt meiner selbst zu klettern, wo die Luft rein und belebend ist... zu einem Gipfel, von wo aus ich, wenn es mir gelingt, ihn zu erreichen und mich darauf zu halten, die ganze Welt sich vor mir ausdehnen sehen werde... nichts von ihr wird mir entgehen können, es wird nichts geben, was ich nicht werde kennenlernen können...«

»Es ist merkwürdig, daß du genau das Gefühl gehabt hast, was der Elementarschulunterricht zu vermitteln versuchte...«

»Ich habe mich gewundert, als ich viel später erfuhr, daß dies eines der Ziele war, die dieser Unterricht erreichen wollte. Jedenfalls führte er bei mir zum Erfolg...«

»Die Schule beherrschte dein Dasein... sie verlieh ihm einen Sinn, seinen wahren Sinn, seine Bedeutung... als du dich so krank fühltest – du hattest die Masern –, hast du zum Himmel gebetet...«

»Ja, es ist komisch, ich flehte ihn an, mich leben zu lassen, bis ich ›alles wüßte‹...«

»Und wie kamst du aus dem Gleichgewicht, wie verwirrt warst du später im Lyzeum, als du merktest, daß diese fest verschlossene Welt ganz zugänglich war, sich überall öffnete, sich auflöste, sich verlor...«

»Aber, um auf meine Antwort zurückzukommen, ich habe nicht zu lange auf sie warten lassen... nur um ein wenig Abstand zu gewinnen... es wird schmerzhaft sein, selbst das Band zu zerschneiden, das mich noch mit meiner Mutter verbindet, es ist nicht mehr sehr fest, aber in gewissen Augenblicken spüre ich es, es beginnt dann, an mir zu zerren... es ist ein Schmerz, der jenen schlummernden Schmerzen gleicht, die durch die sie umgebende Atmosphäre, durch Kälte oder Feuchtigkeit, verursacht werden... aber die Worte meines Vaters... ›Wenn ihr wirklich daran liegt, kann sie dich sehr gut abholen...‹ wirken wie ein Betäubungsmittel, das mir hilft, ohne allzu viel zu leiden, das ganz abzureißen, was sich noch anklammert... so, ich habe es geschafft, ›Ich will hier bleiben.‹
Ich weiß nicht, ob mein Vater mich in seine Arme geschlossen hat, ich glaube nicht, es hätte mich die Kraft von dem, was uns vereint, und seinen bedingungslosen, totalen Beistand nicht stärker empfinden lassen, es wird nichts von mir dafür verlangt, kein Wort braucht ihm zu übermitteln, was ich

fühle... und selbst wenn ich ihm gegenüber nicht fühlte, was die anderen Liebe nennen, was jedoch unter uns nicht benannt wird, so würde es nichts ändern, mein Leben würde genauso wichtig für ihn sein... wichtiger womöglich als sein eigenes?... jedenfalls genauso wichtig...
Ich wußte, daß in der Freude, die sich in ihm verdichtete, auch die Gewißheit lag, daß ich für mich zunächst die richtige Wahl getroffen hatte.«

»Für ihn selbst... hatte er überhaupt daran gedacht? es ist klar, daß deine Anwesenheit in seinem Heim sein Leben nur schwieriger machen konnte... Später ist herausgekommen, daß er vor seinem Entschluß, sich wieder zu verheiraten, deiner Mutter die Frage gestellt hatte, ob sie bereit wäre, dich ihm zu überlassen, und daß sie nicht einmal geruht hatte, darauf zu antworten...«

»Wie soll man wissen, ob sich nicht Bitterkeit in ihn eingeschlichen hat... aber alles, was ich wahrgenommen habe, war seine erleichterte, entspannte Miene und ein fröhliches, inniges Einverständnis mit mir, das ich noch aus seiner Stimme heraushöre, die mir sagte: ›Weißt du, ich brauche mich einfach nicht zu rühren... Wenn ich dich nicht selbst dahin schicke, ist nicht damit zu rechnen, daß man dich abholt.«

Mittwochnachmittags nach der Schule gehe ich, da keine Hausaufgaben für den nächsten Tag zu machen sind, manchmal mit Lucienne Panhard, einem Mädchen aus meiner Klasse, spielen. Wir sind im Abstand von ungefähr zwei Monaten geboren, und sie ist genauso groß wie ich, ihr schmales Gesicht ist sehr lustig, sie ist ein wenig schlitzäugig, und ihre beiden dicken, goldblonden Zöpfe, mit deren Flechten ihre Mutter viel Zeit verbringt, hängen bis unter ihre Taille hinab, nicht so wie meine beiden ›Rattenschwänze‹, die mir nur bis zu den Schultern reichen und die ich selber sehr schnell flechten kann. Lucienne wartet auf mich an der Ecke Rue d'Alésia – Rue Marguerin, während ich renne, um meine Schultasche abzulegen und Bescheid zu sagen, daß ich zu ihr spielen gehe.
Das Café ihrer Eltern mit der Aufschrift ›Panhard‹ in dicken, roten Lettern über der Tür liegt ganz am Ende der Avenue du Parc Montsouris, genau neben dem Parkeingang, rechts an einer Straßenecke.
Ich mag dieses kleine, sehr helle, blitzblank

geputzte Café, Luciennes Eltern sehen jung und freundlich aus, sie lachen viel, sie machen Scherze... Ich freue mich, wenn Madame Panhard uns die Tassen und Gläser spülen läßt, es ist eine Gunst, um die wir sie bitten müssen, indem wir versprechen, ganz vorsichtig zu sein... am liebsten stelle ich aber ein Glas Wein oder eine Tasse Kaffee auf die Tischchen vor die Gäste und sage im Tonfall einer echten Kellnerin ›Bitte sehr, Madame!‹, oder ich nehme das Geld vom Tisch ›Vielen Dank, Monsieur!‹, bringe es zur Kasse, warte den Aufbruch der Gäste ab, um zu dem Tisch zu eilen, ihn abzuräumen und mit einem nassen Schwamm sauberzuwischen. Ich weiß nicht, ob meine Arbeitslust, mein Vergnügen sich auf Lucienne überträgt, aber sie, die doch jeden Tag dieses Glück haben kann, achtet ebenso eifersüchtig wie ich darauf, daß jede von uns bedient, wenn sie an der Reihe ist... die an den Tischen sitzenden Gäste sind um diese Zeit selten, wir machen sie einander streitig, manchmal greift Madame Panhard ein, sie wählt zwischen unseren ausgestreckten Händen, sie weist die der einen ab... ›Nein, diesmal bist du nicht dran!‹... sie gibt das begehrte Glas oder die ersehnte Tasse in die Hände der anderen... ›Los, bring das hin, du bist an der Reihe... Und beim nächsten Mal bedienst du‹... Zu unserer Stärkung am Nachmittag läßt sie uns einen Croissant oder eine Brioche oder eine Madeleine unter der Glasglocke auswählen, sie gibt

jeder von uns einen Riegel Schokolade, sie schenkt jeder von uns ein Glas Limonade ein, das wir an der Theke stehend trinken... Wenn wir genug davon haben, Spülerin oder Kellnerin zu spielen, gehen wir in den Park, in die Nähe des Eingangs, um seilzuspringen, immer, immer schneller, wir fangen ein Gummibällchen auf, das wir immer höher in die Luft werfen, wir versuchen mit zwei Bällchen zu jonglieren, und dann mit dreien.
Wir reden nicht viel miteinander, und ich weiß nicht, woran es liegt, daß ich mich mit ihr nie langweile, und sie, wie es scheint, sich auch nicht mit mir.

Während der Rezitationsstunde beobachte ich die Hand der Lehrerin, ihr Federhalter gleitet an der Namensliste hinab... sie zögert... Wenn sie doch tiefer hinabglitte bis zum Buchstaben T!... sie erreicht ihn, ihre Hand hält an, sie blickt auf, ihre Augen suchen mich, sie ruft mich auf...
Ich spüre gern die leichte Angst, die Erregung... Ich kann den Text sehr gut auswendig, ich riskiere nicht, mich zu versprechen oder auch nur ein einziges Wort zu vergessen, aber ich muß vor allem im richtigen Ton beginnen... so, es geht los... meine Stimme nur nicht zu hoch ansteigen, sie nicht zu tief sinken lassen, sie nicht überanstrengen, sie nicht erzittern lassen, ich würde mich schämen... in der Stille hallt meine Stimme wider, die Wörter heben sich ganz klar von ihr ab, genauso wie sie sein sollen, sie tragen mich, ich gehe in ihnen auf, meine Befriedigung...

»Eine stärkere hat keine Schauspielerin empfinden können...«

»Nein, keine. Obgleich es keinen Applaus gab, aber welcher Applaus, welche Beifallskundgebungen können mich mehr erfreuen, als die Gewißheit, Vollendung erreicht zu haben... was, wie es sich gehört, wie es recht und billig ist, die Lehrerin bestätigt, als sie diese Worte spricht, bei denen es keinen Platz für den mindesten Vorbehalt gibt: ›Es war sehr gut. Du bekommst die beste Note.‹

›Tiebia podbrossili‹... es ist einer der seltenen Fälle, wo ich mich erinnere, in welcher Sprache Vera mit mir gesprochen hat, sie sprach manchmal französisch mit mir und immer mit Lili, um ›die Kleine nicht mit zwei Sprachen zu verwirren‹... aber diesmal weiß ich es, sie hat es mir auf russisch gesagt... Auf französisch hätte sie sagen müssen ›on t'a abandonnée‹ (›man hat dich im Stich gelassen‹), was nur ein schlappes, blutarmes Äquivalent der russischen Wörter gewesen wäre... das russische Verb, das sie gebraucht hat...

»Wo war es denn? Weswegen?«

»Wir gingen nebeneinander durch einen trübseligen Garten, auf dem Sand einer Allee, die sich zwischen den Rasenflächen dahinschlängelte... es konnte nur der Parc Montsouris sein... Die sehr magere, blasse Vera, die einen breiten Hut aus kastanienbraunem Samt trug und eine Boa um den Hals geschlungen hatte, schob Lilis Kinderwagen vor sich her, als sie zu mir sagte: ›Tiebia podbrossili‹... Weswegen aber? das finde ich nicht mehr wieder in meinem Gedächtnis... vielleicht wegen nichts, nur so, weil es ihr plötzlich in den Sinn kam... sie hat nicht versucht, es zurückzuhalten, oder aber sie hat es nicht gekonnt... die russischen Worte sind wie immer hart und hintereinander aus ihrem Mund hervorgeprasselt... ›podbrossili‹, ein Verbum, das buchstäblich ›werfen‹ bedeutet, das aber obendrein noch eine unübertreffliche Vorsilbe hat, die soviel wie ›runter‹, ›drunter‹ ausdrückt, und beides zusammen, dies Verb und seine Vorsilbe, legt den Gedanken nahe, daß eine Bürde listig auf jemand anders abgeladen wurde...«

»Wie der Kuckuck es tut?«

»Ja, mir scheint aber, daß die Handlungsweise des Kuckucks Vorsicht, Vorsorge verrät, während dieses russische Wort sowohl brutales als auch heimliches Verwerfen meint...«

»Du hast dich damals bestimmt nicht damit befaßt, den ganzen Reichtum, den dieses russische Wort in sich birgt, zu entdecken...«

»Ich war nicht so verwundert darüber, wie ich es jetzt bin, es ist jedoch sicher, daß ich nicht das Geringste von alledem vergessen habe, was dieses Verb und das ihm vorangehende ›du‹ ›tiebia podbrossili‹ mir damals zufügten... welches Kind würde so etwas wohl je vergessen?
Und merkwürdig ist dabei, daß im gleichen Moment, in dem Veras Groll gegen jene, die diese Last auf sie abgeladen hatten und sie nötigten, sie zu tragen, daß im gleichen Moment, in dem ihre Wut über die Last, die ich für sie war... ja, daß im gleichen Moment, in dem diese Wörter mich verletzten, ihre Grobheit mich auch besänftigte... Man will mich dort nicht haben, man verstößt mich, es ist also nicht meine Schuld, es ist also nicht von mir ausgegangen, ich muß hierbleiben, ob ich es will oder nicht, ich habe keine Wahl. Es ist klar, es ist sicher, daß ich hier und nirgendwo anders leben muß. Hier. Mit allem, was sich hier befindet.«

»Und du wußtest schon, daß Veras Charakter, ihr Verhältnis zu dir nur ein Teil, und zwar nicht der wichtigste, von ›allem‹ war.«

Beim Betreten meines Zimmers sehe ich, ehe ich meine Schultasche ablege, daß mein Plüschbär Mischka, den ich auf meinem Bett hatte liegen lassen ... er ist viel weicher und sanfter als er es je war, wenn es kalt ist, decke ich ihn bis zum Hals mit einem gestrickten, viereckigen Wolldeckchen zu, und man sieht nur seinen kleinen, gelben, seidigen Kopf, seine schlapp gewordenen Ohren, die verschlissenen, schwarzen Fäden seiner Bärennase und seine immer noch lebhaften, glänzenden Augen ... er ist weg ... wo ist er nur? Ich renne los ... ›Adèle, mein Bär ist weg.‹ – ›Lili hat ihn sich genommen ...‹ – ›Wie ist das denn möglich?‹ – ›Sie hat es fertiggebracht, bis zu deinem Zimmer zu laufen, die Tür stand offen ...‹ – ›Wo ist er? Wo hat sie ihn gelassen?‹ – ›Sie hat ihn zerrissen ... das war nicht schwer, er hielt nicht mehr zusammen, er war nur noch ein Lumpen ...‹ – ›Man kann ihn doch wieder nähen ...‹ – ›Nein, da ist nichts zu machen, ich habe ihn weggeworfen ...‹
Ich will ihn nicht wiedersehen, ich darf kein Wort

mehr darüber sagen, da Adèle mir sonst bestimmt erwidern wird: ›Von solchen Bären, davon gibt es doch mehr als genug, und sogar ganz neue, viel schönere...‹ Ich laufe schnell in mein Zimmer, ich werfe mich auf mein Bett und weine mich aus...

»Nie mehr bist du so böse auf jemand gewesen wie damals auf Lili.«

»Danach habe ich die mit Schnitzwerk verzierten russischen Holzdosen, die runde und die viereckige, die bemalte Holzschale und ich weiß nicht welche Schätze sonst noch weggestellt, damit sie nicht mehr dran konnte. Den Wert der Schätze, die mir ganz allein gehören, kennt niemand außer mir, sie dürfen nicht mehr berührt, nicht mehr weggeschleppt werden von diesem brüllenden, entgeistert glotzenden, unempfindlichen, boshaften kleinen Wesen, diesem Scheusal, diesem Teufel...«

Ich frage Vera, ohne mich jetzt daran erinnern zu können, weswegen, aber das ist auch nicht so wichtig, ›Warum darf man das nicht tun?‹ und sie antwortet mir ganz verschlossen, verstockt ›Weil man das nicht tut‹ und zieht die Vokale noch mehr als sonst zusammen, die aneinanderstoßenden Konsonanten prasseln auf mich herab, ein harter Hagel, der das, was sich in mir rührt, was in mir aufsteigen möchte, steinigt...

›Weil man das nicht tut‹ ist eine Sperre, eine Wand, zu der sie mich zieht, an die wir stoßen... unsere leeren, kugelrunden Augen starren die Wand an, wir können nicht darüber hinweg, jeder Versuch ist zwecklos, unsere entmutigten Gesichter wenden sich davon ab.

»Bist du in einem solchen Moment nicht auf den Gedanken gekommen, dich an das zu halten, was deine Mutter dir mitgegeben hatte, bevor sie dich verließ... du hattest es eine Zeitlang im Gedächtnis bewahrt...«

»Ja, an Mamas Worte im Hotelzimmer in Berlin am Abend vor unserm Abschied: ›Vera ist dumm‹... ein Päckchen, das sie mir mitgegeben hat, wie solche, die man seinem Kind auf dem Weg ins Internat mitgibt... Nimm es mit, mein Liebling, das wird dir helfen, wenn du weit weg von mir bist, du wirst es dort drüben brauchen können...«

»Nein, jetzt muß ich dich unterbrechen, du läßt dich zu etwas hinreißen, deine Mutter hat nie daran gedacht, dir das als Vorrat oder Hausmittel mitzugeben, mit denen man Kinder, die man in ein Pensionat bringt, versorgt... Du hast sie vielmehr durch deine Fragen gezwungen: ›Was hat der Onkel zu dir gesagt, Mama? Über wen hat er mit dir gesprochen?‹ Nur weil sie schließlich nachgegeben hat, ließ sie dich wissen: ›Der Onkel hat mir gesagt, Vera ist dumm!... aber während sie diese Wörter aussprach, hat sie dich aus den Augen verloren, sie sah dich nicht mehr, sie dachte dabei nicht an dich, sondern an etwas, was sie verwundert und amüsiert dreinschauen ließ... etwas Komisches, was der Onkel ihr anvertraut hatte und was sie einen Moment betrachtete... auf diese Weise, ganz unbesorgt, ganz ahnungslos wie immer, ohne daran zu denken, was du damit anstellen würdest, hat sie es dich mitnehmen lassen: ›Vera ist dumm.‹«

»Und in der ersten Zeit habe ich es aufbewahrt, es lohnte sich wohl, ich hatte nie so etwas erlebt. Eine erwachsene Person, die, ohne es zu wissen, in meinen Augen eine dumme Gans war... Es ist klar, daß mein Vater es nicht weiß, auch Vera selbst oder irgend jemand anders weiß es nicht, außer mir und dem Onkel, der manchmal, als ob nichts geschehen wäre, kommt, um die beiden, Vera und Papa, zu besuchen, und der sich nicht das geringste anmerken läßt.

›Vera ist dumm‹... ist etwas, was in ihrem Kopf fehlen muß, und die Arme ahnt nichts davon, es ist nichts zu machen, sie ist nun einmal so... aber woran merkt man das äußerlich? Was bemerkt der Onkel? Er spricht mit ihr genauso wie mit jedem andern... aber ich, wenn sie mir verbietet oder mir rät, dies oder das zu tun... wenn sie sagt, was sie über wer weiß was denkt... kann sie überhaupt denken? kann sie etwas begreifen? da sie ja ›dumm‹ ist.

Es ist unangenehm, mich nicht auf das, was sie mir sagt, verlassen zu können und mich immer wieder fragen zu müssen und niemand zu haben, dem ich mich anvertrauen könnte. Wem kann man mit so etwas kommen?«

»Mir ist so, als wärest du eines Tages, kurz nach deiner Ankunft, vor Lilis Geburt, als sie sich, so gut sie es nur konnte, um dich kümmerte... träume ich etwa? ist es möglich, daß du schließlich in Tränen ausgebrochen bist und zu ihr gesagt hast?...«

»Es ist kaum zu glauben, aber es fällt mir wieder ein... Ich habe, so gut ich es konnte, über das, was Vera mich zu tun bat, nachgedacht, da ich nicht fähig war, alles, was sie mir sagte, zu glauben. Ich fand, daß sie unrecht hatte, und ich habe mich deshalb geweigert, auf sie zu hören...«

»Was war es denn?«

»Ich weiß es nicht, ich erinnere mich nur an meine Hoffnungslosigkeit, meine Einsamkeit, dieses ungeheure Gewicht, von dem ich mich befreien muß... sie stellt mich zur Rede, sie begreift nicht... ›Warum bist du so dickköpfig? Warum weigerst du dich, auf mich zu hören?...‹ – ›Ich kann es nicht sagen...‹ – ›Doch, doch, sag es...‹ – ›Nein, ich kann es nicht‹... und schließlich zwischen meinen Schluchzern... ›Ich kann nicht auf dich hören, denn... denn... du... bist... dumm... Man hat es mir gesagt...‹ – ›Und wer?‹ Ich weiß nicht mehr, wie lange diese Wörter, die mich erstickten, gebraucht haben, um sich einen Weg zu bahnen und vor ihrem Gesicht zu explodieren: ›Der Onkel, der mich in Berlin abgeholt hat... er hat es zu Mama gesagt.‹

So unwahrscheinlich es auch sein mag, es ist leider sicher, daß genau das geschehen ist. Aber es war am Anfang meines Aufenthalts in Paris, als ich noch das kleine, schwache, schwankende Kind war, das kaum seine ›Ideen‹ überwunden hatte, das sich anklammerte, sich anvertraute, allerlei Geständnisse machte, es wagte, andere in Wut zu bringen, ihren Groll zu erregen und ihre Feindschaft heraufzubeschwören, um nicht allein, nicht abseits zu bleiben, mit etwas in sich, das man niemand zeigen darf und das an ihm nagt, das es beherrscht...

Aber ich bin seit beinahe zwei Jahren hier, ich bin nicht mehr das verrückte Kind... Die Wörter ›Vera ist dumm‹ kommen mir nicht mehr in den Sinn... Übrigens verbindet sich mit ihr kein einziges Wort...«

»Wenn man darüber nachdenkt, so hast du nie eines mit ihr verbunden. Nicht einmal ›böse‹.«

»Es ist merkwürdig, wenn ich schon mal andere Kinder sagen hörte, meine Stiefmutter sei böse,

wunderte es mich... sofort tauchten vor mir Bilder auf, die nicht zu ›böse‹ paßten...
Jedenfalls, als sie mir sagte, und sie hat es mir mehr als einmal sagen müssen, ›Weil man das nicht tut‹... da war ›Vera ist dumm‹ nicht wie jene Antikörper, die den Organismus befähigen, eine Mikrobeninvasion zu bekämpfen. Nein, in diesem Fall hätte ›Vera ist dumm‹, selbst wenn es mir zur Verfügung gestanden hätte, nicht als Gegengift dienen können.
Ich hatte an etwas gerührt, dem zu nähern, sie sich ein für allemal untersagt hat, so stumpfsinnig ist sie nicht, sie hat keine Zeit zu verlieren.
›So was tut man nicht‹ beendet jede Untersuchung, macht jede Diskussion überflüssig.
›So was tut man nicht‹ ist wie jene orientalischen Kaiser von einst, vor denen die Untertanen sich verneigten, ohne je zu wagen, ihre Blicke zu erheben und in das kaiserliche Gesicht zu schauen.
Und ich hatte die Unverschämtheit gehabt, es aus der Nähe betrachten, es betasten zu wollen... was hindert denn daran?... ›Warum darf man so was nicht tun?‹ Und das, was in meinem Kopf diesen absurden, unanständigen Wörtern erlaubt hatte, sich zu bilden, zu wachsen, sich zu rühren, sich zu zeigen, hatte einen genau treffenden, harten Schlag mit dem Lineal bekommen: ›Weil man so was nicht tut.‹
Einen wohlverdienten Schlag, wenn man naseweis

genug, anmaßend genug ist, sich erklären lassen zu wollen, begreifen zu wollen... warum nicht, um es zu beurteilen?... oder aber, wenn die Erklärung nicht befriedigend zu sein scheint, um der ganzen Welt zum Trotz zu tun, was man nicht tut?
Wenn einem ›weil man so was nicht tut‹ an den Kopf geworfen wird, ist man... ich hätte beinahe gesagt benommen, betäubt... das könnte man denken, aber in Wirklichkeit erzeugte eine ohnmächtige Wut in mir eine Art Trampeln, ein Strampeln... dieser blinde, sinnlose Zorn, den ein Gegenstand weckt, an dem man sich hart gestoßen hat, man hat dann Lust, ihn ebenfalls zu stoßen, ich hatte Lust draufzuhauen, ihm Schläge zu versetzen. Aber Schlag für Schlag ›Weil man so was nicht tut‹ zu vergelten, indem man ihr ins Gesicht schrie: ›Warum denn nicht? Warum tut man so was nicht?‹ Nein, das konnte ich nicht, dazu hatte ich nicht den Mut...«

»Und doch war das Risiko, von außen gesehen, nicht groß...«

»Was diese Worte hingegen in Veras Innerem anrichten könnten... diese stille Zerstörung, diese wilden Wallungen, diese ätzenden Schwaden, diese glühenden Ströme... ich habe das nie willentlich auszulösen gewagt, ich habe nie erlaubt, daß selbst sanft ausgesprochen, selbst von mir geflüstert an ihr Ohr drang: ›Warum tut man so was eigentlich nicht?‹«

Wenn Freunde kommen, ist mein Vater wie verwandelt. Er ist dann nicht mehr so verschlossen, er entspannt sich, er lebt auf, er redet viel, diskutiert, beschwört Erinnerungen herauf, erzählt Anekdoten, es macht ihm Spaß, und er macht gern Spaß. Alle, die um ihn herum an dem großen, ovalen Eßzimmertisch sitzen, schauen ihn voller Sympathie und Bewunderung an, er ist ja so geistreich, so intelligent... sogar Mama hat mir einmal gesagt, es ist eine der seltenen Bemerkungen, die ich sie überhaupt über ihn habe machen hören... ›Dein Vater ist sehr intelligent...‹

»Sie hat es eines Tages in Petersburg ohne besonderen Anlaß in einem gleichgültigen Ton gesagt, als machte sie eben eine einfache Feststellung, der sie nicht viel Bedeutung beimaß...«

»Wenn es an einem Sonntagmittag ist, ist Mischa bei mir und sind auch seine Eltern und Monsieur und

Madame Perewersew da, sowie Monsieur Iwanow, ein großer Freund meines Vaters, und Monsieur Bilit, der die Gewohnheit hat, sich an irgendeinem Abend der Woche unverhofft einzufinden, und wenn es sich so trifft, daß gerade Abendessenszeit ist, legt man ein zusätzliches Gedeck für ihn auf, und Vera, die sein unersättlicher Appetit wundert und amüsiert, läßt für ihn, selbst wenn die Mahlzeit ziemlich reichlich ist, als Nachtisch seine Lieblingsspeise, ein riesiges Omelett mit Konfitüre zubereiten. Monsieur Bilit ist ein hervorragender Mathematiker. Er hat einen Arm verloren, seinen linken Arm, bei ich weiß nicht welchem Kampf, welchem Attentat, und eine Holzhand in einem kastanienbraunen Lederhandschuh ragt aus seinem Ärmel. Da sind auch noch zwei ziemlich alte Schwestern und andere Gäste, die ich weniger gut kenne, an die ich mich weniger gut erinnere.

Wenn ich diese Frauen und Männer, die um den Tisch versammelt sind, betrachte, diese alternden, etwas schwermütigen, müden Leute, sage ich mir, daß man nie erraten könnte, wie außergewöhnlich sie sind: außerordentliche Menschen, Revolutionäre, Helden, die, ohne zu versagen, den schrecklichsten Gefahren getrotzt, der Polizei des Zaren die Stirn geboten und Bomben geworfen haben... sie sind ›in Etappen‹ mit zusammengeketteten Füßen bis tief nach Sibirien hineinmarschiert, sie sind in finstere Gefängnisse eingesperrt und zum Tode durch den Strang verurteilt worden, sie haben die Urteilsvollstreckung gelassen abgewartet und waren bereit, wenn sie am Fuße des Galgens stünden, wenn der Henker sich ihnen näherte, um ihnen den gräßlichen Sack über den Kopf zu stülpen und die mit Seife beschmierte, glatte Schlinge um den Hals zu legen, noch ein letztes Mal ›Es lebe die Revolution! Es lebe die Freiheit!‹ zu rufen.

Ich bin voller Bewunderung für sie alle, aber am liebsten ist mir, noch lieber als die Eltern von Mischa und Monsieur und Madame Perewersew, die ich sehr gern habe und zu denen ich oft gehe, Monsieur Iwanow.

Von seinem schönen Gesicht mit den feinen Zügen, wie übrigens von seiner ganzen Person, könnte man sagen, daß sie von ›Güte durchdrungen‹ sind ... sie strahlt von den Falten rund um seine Lippen, von seinen hellen, verwaschenen Augen und sogar von den Tränensäckchen aus ...

Monsieur Iwanow stottert ein wenig, deshalb wirkt er noch etwas sanfter, etwas hilflos, unschuldig ... Ich habe erzählen hören, daß, nachdem man ihn in seiner Einzelzelle aufgesucht und ihm mitgeteilt hat, seine Verurteilung zum Tode durch den Strang sei in eine lebenslängliche Haftstrafe verwandelt worden, er zu stottern begonnen habe. Er hatte selbstverständlich kein Gnadengesuch unterschrieben, trotz den flehentlichen Bitten seiner Eltern und sogar den Beschwörungen der Richter war er nie bereit gewesen, so etwas zu tun. Wie es übrigens auch nie jemand von den hier am Tisch Sitzenden getan hätte. Wenn leise von jemandem gesagt wird, er habe den Zaren um Gnade gebeten, ist es genauso, als würde verraten, daß er irgendwo verborgen einen Schandfleck trägt. Monsieur Iwanow war von seinem einundzwanzigsten bis zu seinem fünfundvierzigsten Lebensjahr in der Festung Schlüsselburg eingesperrt gewesen, lange Zeit in völliger Isolierung und mit der Bibel als einzigem Lesestoff... Ich höre oft diese Namen... ›Schlüsselburg‹, ›Peter und Paul‹, ›Ochrana‹ und ›Die hundert Schwarzen‹... und es ist auch viel die Rede von verdächtigen Personen, die in der ›russischen Kolonie‹ verkehren, sie geben sich als Revolutionäre aus, sind aber womöglich Geheimagenten der Polizei, also Spione... Mischa sieht überall welche, und mein Vater sagt lachend, Monsieur und Madame Agafonow hätten ihn mit ihrer Krankheit angesteckt, mit der ›Spionitis‹...

»Als ein paar Jahre später die Revolution ausbrach und die Akten der Ochrana geöffnet wurden, konnte man feststellen, daß diese Verdächtigungen manchmal begründet waren.«

»Mein Vater, der sich über diese Krankheit lustig macht, kann nicht umhin, wenn jemand ihm mißfällt, sich ihn vorzunehmen und aus ihm eine so beunruhigende, so komplizierte und so komische Person zu machen, daß alle ihm wie gebannt und ganz begeistert von seinem Humor, seinen Geistesblitzen und witzigen Einfällen lauschen... seine dunklen Augen funkeln, seine weißen Zähne leuchten, seine schwungvolle Schlagfertigkeit ist eine glitzernde Klinge, die schneidet... manchmal ins Fleisch... manchmal ist mir so, als träfe sie auch mich... sie schneidet jedoch in einen anderen, den ich kaum oder überhaupt nicht kenne... aber ich fühle in mir ihren kalten, gleitenden Schnitt... es tut mir ein wenig weh, ich habe ein wenig Angst... fühlen die andern es genauso wie ich? Und Monsieur Iwanow? von dem mein Vater sagt, er habe ein so redliches, klares Urteilsvermögen? Findet er, daß mein Vater zu weit geht?... Bis jetzt lächelte er friedlich und sanftmütig... aber da, auf einmal, möchte man meinen, daß sein Lächeln ein wenig erstarrt, in seinen Augen tut sich etwas, mir scheint, daß etwas in ihm sich zusammenzieht, sich zurückzieht... aber kaum... Jemand unterbricht freundlich meinen Vater... ›Hier, mein lieber Ilja Evseitch, glaube ich, daß Sie ein wenig übertreiben... er ist nicht sehr sympathisch, aber ich kenne ihn gut, er ist gar kein so schlechter Kerl...‹ Monsieur Iwanow schüttelt mit nachsichtiger Miene nur kurz sein Haupt, er wird diese nicht zu unterdrückenden Ausbrüche meines Vaters wohl so beurteilen wie eine erwachsene Person das Herumtollen eines manchmal etwas zu ausgelassenen Kindes, das sich amüsiert und sich ereifert... aber er weiß genau, daß er einen guten Kern hat, daß er nicht bösartig ist... es weiß, daß selbst, wenn derjenige, von dem mein Vater gerade ein so schonungsloses Porträt entworfen hat, ihn um Hilfe bäte, er sofort vergessen würde, wie er ihn einmal gesehen hat, er würde vor sich nur einen armen Menschen in Not sehen, er würde ihm die Hilfe nicht abschlagen, er kann nichts abschlagen...«

»Vera versuchte manchmal, ihn zu bremsen... ›Du gibst allen möglichen Leuten etwas, sie nützen es aus... Ich bin sicher, daß der über mehr Mittel verfügt als du...‹ und er antwortete ihr mit leichtem Schulterzucken... ›Nun ja, um so besser für ihn.‹«

»Vera sitzt meinem Vater gegenüber an der anderen Seite des Tisches, an dem Platz, den die Hausfrau einzunehmen hat, hinter dem großen Kupfersamowar. Sie füllt Tee in die Tassen und Gläser, verteilt sie, nimmt sie wieder an, wenn sie leer sind, spült sie ein wenig in einer kleinen Schale aus, die unter dem Teehahn steht, und füllt sie aufs neue, reicht sie, überwacht unablässig alle Teller, es darf keinesfalls vorkommen, daß jemandem etwas fehlt... sie spricht nie, kaum ein paar Worte, höchstens einsilbig, sie lacht ein paarmal ganz kurz, aus Höflichkeit... Hört sie überhaupt, was gesagt wird? Ihre durchsichtigen, starrenden Augen, die bald an Katzenaugen, bald an Raubtieraugen erinnern, verweilen dann und wann auf diesem oder jenem Gesicht... und nach dem Abschied der Gäste sagte sie, insbesondere von einem, der nicht zu den Stammgästen gehört, der ein Neuankömmling ist, in ihrem barschen, keinen Widerspruch duldenden Ton: ›Der Soundso (oder die Soundso) hält viel von sich selbst.‹ Man spürt, daß es eine endgültige Feststellung, ein unwiderrufliches Urteil ist... und das löst bei mir immer wieder die gleiche Verwunderung, die gleichen Fragen aus: Woran hat sie das wohl erkennen können? Warum ist unter so vielen Urteilen, die man über die Leute abgeben kann, dieses Urteil das einzige, das sie abgibt? Und warum mißt sie dem so viel Bedeutung bei? Mir scheint, daß sie die Leute allesamt in zwei Gruppen einteilt: diejenigen, die viel von sich selbst halten, und die anderen.

»Lange Zeit hast du nicht zu entdecken versucht, was dieses Urteil besagen mochte...«

»Es wunderte mich... Es führte dazu, daß ich diejenigen sympathisch fand und ein wenig beneidete, die ›viel von sich selbst hielten‹...«

»Waren es nicht die Gäste, die besonders lebhaft, besonders interessant waren?«

»Wahrscheinlich... Dieses kurze ›Er (oder sie) hält viel von sich selbst‹, begleitet von dem leisen, trokkenen Geräusch ›km, km‹, das Vera nach dem Abschied der Gäste von sich gab, erweckte den Eindruck, daß sie die Flamme einer Kerze oder einer Lampe ausblies...
Alle Stühle sind leer, alle Lichter sind aus, man kann sich zurückziehen, man kann sich endlich zur Ruhe begeben...

Es ist das erste Mal, daß ich daran denke, es ist mir damals nie in den Sinn gekommen, so natürlich erschien es mir, so selbstverständlich, aber was mich jetzt überrascht, ist die Tatsache, daß weder vom moralischen, noch vom intellektuellen Gesichtspunkt aus irgend jemand den geringsten Unterschied zwischen Männern und Frauen machte. Ich hatte das Gefühl...«

»Nicht einmal das Gefühl, es war dir gar nicht bewußt...«

»Es stimmt, es war vielmehr das Fehlen jeden Gefühls für irgendeine Ungleichheit.«

»Was übrigens die Härte gegen sich selbst, was ihre Kühnheit betrifft, so hatte Vera, die an keiner revolutionären Aktion teilgenommen hatte, viel Mut gezeigt, als sie freiwillige Krankenschwester während des russisch-japanischen Krieges war. Sooft mein Vater eine Anspielung darauf machte, unterbrach sie ihn gereizt... ›Oh, ich bitte dich, was sagst du da? Ich habe nichts anderes getan, als das, was nötig war.‹«

Als ich durch den Gang an der Tür des Schlafzimmers vorbeigehe, wo Vera sich früh zu Bett gelegt hat, so wie sie es gern tut, um ›in aller Ruhe einen guten Roman zu lesen‹, während mein Vater noch ein Weilchen in seinem Arbeitszimmer bleibt und Chemie-Fachzeitschriften durchblättert und Notizen macht, vernehme ich ein sonderbares Geräusch... es gleicht nichts, was ich je wahrgenommen habe... es hört sich an wie Gejammer, wie Gewimmer... oder vielleicht wie unterdrückte Schluchzer... aber es klingt etwas so Hilfloses und Unschuldiges mit... es ist wie die Verzweiflung, die Hoffnungslosigkeit eines Kindes, die aus ihm hervorbricht, es kann sie nicht zurückhalten, das reißt sich aus der Tiefe seiner Seele los... es nur zu hören, tut schon weh... Ich öffne die Tür, das Licht brennt, Vera liegt in ihrem Bett, mit dem Gesicht zur Wand, bis zu den Ohren in ihre Laken gehüllt, man sieht nur noch ihr kastanienbraunes, für die Nacht straff gekämmtes Haar, das in ihrem Nacken zu einem Zopf geflochten ist, der ihr ein mädchenhaftes Aussehen verleiht...

Ich gehe hin, beuge mich über das Bett und sage leise zu ihr: ›Was hast du? Fühlst du dich nicht wohl?‹ Ich sehe ihr bläulichrotes, verweintes, aufgedunsenes Gesicht eines großen Babys... ›Kann ich dir helfen? Soll ich dir etwas zu trinken bringen?‹ Sie schüttelt den Kopf, es gelingt ihr zu sagen: ›Es ist nichts, es geht vorbei‹... Ich nehme einen Zipfel des Lakens, ich wische ihr damit über das Gesicht, ich streichle ihren seidenweichen, ganz warmen Kopf... und nach und nach beruhigt sie sich... Ohne sich umzudrehen schiebt sie eine Hand unter dem Laken hervor und legt sie auf meine, sie drückt meine Finger... ich frage sie, ob ich das Licht ausmachen soll... ›Nein, nein, das ist nicht nötig, mach dir keine Sorgen, es war nichts, mir geht es gut, ich werde noch ein wenig lesen...‹ Und ich gehe, wobei ich die Tür leise hinter mir schließe...

»Es ist nie wieder ein Wort zwischen euch gefallen, was daran hätte erinnern können.«

»Und nie habe ich jemand auch nur ein Wort davon gesagt.
Danach habe ich nicht mehr schlafen können, ich versuchte, es zu begreifen... zwischen meinem Vater und Vera schien es keine Verstimmung zu geben, wie es manchmal der Fall war, wenn sie mit

erstarrten Gesichtern bei Tisch kaum miteinander redeten... An diesem Abend schienen sie sich gut zu verstehen... warum also? woher war das gekommen?
Und zum ersten Mal sah ich eine mir so vertraute, so deutlich sichtbare, so bekannte Person, wie Vera es für mich war, unter meinen Augen zu einer anderen werden... Bilder, Bruchstücke von Erzählungen, die sozusagen in sehr großem Abstand vor ihr vorbeigezogen waren, ganz weit weg, irgendwo in der Ferne, kehrten wieder, hefteten sich an sie und bedeckten sie... Sie ist sehr fröhlich, liebevoll, sogar zärtlich... ihre Familie, ihre Freunde lieben sie, wie sie geliebt zu werden verdient... sie hat immer als erste den Einfall, etwas Lustiges zu unternehmen, gemeinsam einen Ausflug zu machen und Walderdbeeren oder Pilze zu suchen, sie weiß gut, wo man sie findet, sie kann sie erkennen... sie tanzt gern... niemand tanzt Walzer oder Mazurka besser als sie... manchmal wird applaudiert, sie bekommt einen Preis... ihre mit einem blauen oder roten Seidenband verzierten Tanzkarten, von denen ich einige in ihren Schubladen gesehen habe, sind immer ganz ausgefüllt, alle Tänze waren im voraus reserviert worden... sie fächelt sich Luft zu, wobei sie ihr noch ganz erhitztes, rosiges Gesicht zurückwirft; wie früher, als sie mich in der Rue Boissonade im Kreis herumdrehte, schüttelt sie lächelnd den Kopf... Nein, sie kann nicht, sie muß bei dem

nächsten Walzer einem jener prachtvollen Offiziere in weißer Uniform, die ich beim Durchblättern ihres Familienalbums bewundert habe, einen Korb geben... da war auch die Photographie ihrer Mutter, die ein sehr gütiges Gesicht hatte, Vera hat sie so gern, daß sie nur selten einen Tag vergehen läßt, ohne ihr zu schreiben, und die Photographie ihres Bruders und ihrer Schwägerin, die Varja heißt... Sie ist Veras beste Freundin... Und sie hat dies alles verlassen, sie ist am anderen Ende der Welt... Und doch habe ich nie gehört, daß sie es bedauerte, daß sie sich beklagte, sogar bei ihrer Rückkehr nicht, als sie ein paar Tage in Moskau bei ihren Angehörigen verbracht hatte... weil sie nämlich so entschlossen, so hart gegen sich selbst ist... ihre große Narbe am Unterarm, wo sie als Vierzehnjährige von einer Viper gestochen worden war und sie sofort mit den Zähnen ein Stück Fleisch herausgebissen hatte, damit das Gift sich nicht ausbreitete... An diesem Abend muß sie etwas weich, etwas schwach geworden sein, es überkam sie, das, was sie drüben gelassen hatte, hat sie ganz erfüllt, es ist aus ihr hervorgedrungen als Gestöhn, als Tränen...

Und auch mein Vater verwandelt sich, ich sehe ihn älter, düsterer, nüchterner... sie spricht ihn nie mit seinem Vornamen an... liegt es daran, daß sie ihn zu sehr achtet? oder ihn ein wenig fürchtet? diesen Eindruck habe ich manchmal... warum nur, frage ich mich... und alle die Leute, die hier sind, Leute, wie sie sie nie gesehen hat, so ganz anders als jene, die sie gekannt hat... Ihretwegen ist sie ganz steif und stumm, wenn sie hinter dem Samowar sitzt und ihnen Tee einschenkt und ihre Teller überwacht... Was sie sagen? Sie hört es nicht, sie wenden sich nicht an sie... von ihr müssen sie annehmen, daß... Natürlich, das ist es... sie scheint sich zu sagen... während die anderen weitersprechen, ihr zulächeln, ihre Gläser und Tassen reichen, den Kopf neigen, wenn sie sie wieder in Empfang nehmen, ihr sehr höflich danken, sie denkt, sie hielten sie für...«

»Aber da glaube ich, daß du dich irrtest, sie dachte nicht an sich selbst, an den Eindruck, den sie auf die anderen macht... Sie mußte wohl nur die anderen allein sehen, die so tollkühn waren, die nie zögerten, ihre Meinung zu äußern, zu diskutieren, die ganz sicher waren, gut unterrichtet und zuständig zu sein, so klarsichtige, so intelligente, so gerechte Leute, immer auf der richtigen Seite...«

»Ja, jetzt erkenne ich es, das mußte ihr in den Sinn kommen, wenn sie nach ihrem Fortgehen sagte, als entdeckte sie bei ihnen einen besonderen Zug, der sie lächerlich machte... ›Sie halten viel von sich selbst.‹«

»Ihr sollt von eurem ersten Kummer erzählen. ›Mein erster Kummer‹ ist das Thema eurer nächsten Hausaufgabe.«

»Sagte man in der Elementarschule nicht vielmehr Hausaufsatz?«

»Mag sein ... jedenfalls erinnere ich mich an diesen Hausaufsatz oder diese Hausaufgabe besonders deutlich. Kaum hatte die Lehrerin gesagt, daß wir ›Mein erster Kummer‹ ins Heft schreiben sollten, da muß ich schon gespürt haben ... ich täuschte mich selten ... daß dieses Thema viel hergeben würde ... ich muß gesehen haben, wie es golden in fernem Dunst funkelte ... wie die Verheißung von Schätzen ...
Ich denke, daß ich mich, sobald ich konnte, auf die Suche gemacht habe. Ich brauchte mich nicht zu beeilen, ich hatte Zeit genug, aber ich wollte es so

schnell wie möglich wissen... davon würde alles abhängen... welcher Kummer?...«

»Hast du nicht erst mal versucht, einen Kummer bei dir selbst zu entdecken?...«

»Einen Kummer, den ich selbst erlebt hätte? Aber nein, wo denkst du hin? Einen richtigen, eigenen Kummer? den ich persönlich gehabt hätte... was hätte ich überhaupt so nennen können? Und was war der erste gewesen? Ich hatte gar keine Lust, das herauszufinden. Was ich brauchte, war ein Kummer außerhalb meines eigenen Lebens, den ich mit genügend Abstand betrachten könnte... das würde mir ein Gefühl geben, für das ich keinen Namen hatte, aber ich empfinde es jetzt genauso wie damals... ein Gefühl...«

»Der Würde vielleicht... so könnte man es heute nennen... und auch der Überlegenheit, der Macht...«

»Und der Freiheit... Ich bleibe im Dunkeln, außer Reichweite, ich gebe nichts von mir selbst preis... aber ich richte für die anderen her, was mir gut für sie zu sein scheint, ich suche aus, was ihnen gefällt, was sie erwarten dürfen, einen Kummer, der ihnen paßt...«

»Und dann hattest du diese glückliche Idee, wie kamst du darauf?«

»Ich habe keine Ahnung, aber sobald ich den Einfall hatte, war ich ganz sicher, ganz glücklich... ich konnte mir keinen schöneren, keinen besseren Kummer denken, keinen, der sich besser geeignet hätte, der so verlockend war... das Musterbeispiel eines wirklichen, ersten Kummers, wie ein richtiges Kind ihn hat... der Tod meines Hündchens... was triefte mehr von kindlicher Reinheit und Unschuld...
So unwahrscheinlich es auch sein mag, das alles fühlte ich...«

»Ist das wirklich so unwahrscheinlich bei einem elf-, ja, beinahe zwölfjährigen Kind... du solltest doch bald aus der Schule ins Lyzeum entlassen werden.«

»Das Thema hat, wie ich erwartete, eine Fülle von Bildern in mir entstehen lassen, die zunächst noch kurz und verschwommen, wie flüchtige Skizzen auftauchten…, die aber bei weiterer Entwicklung bestimmt Prachtgebilde würden… An meinem Geburstag, oh, was für eine Überraschung, ich hüpfe vor Freude und klatsche in die Hände, ich falle Papa und Mama um den Hals, im Körbchen ein weißes Knäuel, ich drücke es an mein Herz, und dann unsere Spiele, wo eigentlich, ach ja, in einem schönen großen Garten mit blühenden Wiesen und Rasenflächen, es ist der Garten meiner Großeltern, wo meine Eltern und Geschwister die Ferien verbringen… und dann geschieht das Entsetzliche… das weiße Knäuel bewegt sich auf den Teich zu…«

»Den Teich, den du auf einem Gemälde gesehen hattest, von Schilfrohr umgeben und voller Seerosen…«

»Zugegeben, daß es verlockend war!… Aber da war noch etwas anderes, was mehr versprach… die Bahngeleise… wir gehen dort entlang spazieren, das Hündchen springt auf den Bahndamm, ich laufe hinterher, ich rufe es, und schon kommt der Zug mit voller Geschwindigkeit angebraust, die riesengroße, fauchende Lokomotive… da würde sich alle Pracht entfalten können…

Jetzt ist der Moment gekommen... ich schiebe ihn immer wieder hinaus... ich habe Angst, es falsch anzufangen, nicht genug Abstand zu haben... ich schreibe zunächst mal den Titel... ›Mein erster Kummer‹... das wird mich in Schwung bringen... Die Wörter, bei denen ich mich niedergelassen habe, sind nicht meine alltäglichen Wörter, die grau und unscheinbar, beinahe schlampig aussehen... diese hier sind wie in schöne Kleider, in Festgewänder gehüllt... die meisten kommen aus vornehmen Kreisen, wo man sicher und glanzvoll auftritt... sie stammen aus meinen Bändchen mit ausgewählten Texten, aus Diktaten, und auch aus...«

»Waren es Bücher von René Boylesve, von André Theuriet oder schon von Pierre Loti?«

»Auf jeden Fall sind es Wörter, deren Herkunft für Eleganz, Anmut und Schönheit bürgt... ich bin gern in ihrer Gesellschaft, ich behandle sie mit gebührender Zuvorkommenheit, ich achte darauf, daß nichts sie verschandelt... Wenn ich das Gefühl habe, daß irgend etwas ihrem Aussehen schadet, ziehe ich sofort mein Wörterbuch zu Rate, denn es darf nicht passieren, daß ein widerlicher Rechtschreibungsfehler oder ein häßlicher Pickel sie entstellt. Und um sie miteinander zu verbinden, gibt es

feste Regeln, an die man sich halten muß ... wenn ich sie nicht in meiner Grammatik finde, ist es besser, im Zweifelsfalle nicht an diese Wörter zu rühren, andere zu suchen, die ich in einen anderen Satz einbauen kann, wo sie am rechten Platz sind und die Rolle spielen, die ihnen zukommt. Sogar die Wörter, die ich gewöhnlich selbst gebrauche, ohne sie so recht wahrzunehmen, bekommen, wenn sie hier eingesetzt werden sollen, bei der Berührung mit den anderen ein respektables Aussehen und gute Manieren. Bisweilen schiebe ich hier oder da ein seltenes Wort ein, zur Zierde, um den Glanz des Ganzen noch zu erhöhen.
Oft leiten mich die Wörter bei meiner Wahl ... so war es bei diesem ersten Kummer das ›trockene Rascheln‹ der Herbstblätter, die wir beide, mein Hündchen und ich, beim Laufen oder Draufherumrollen zerdrückten, das mich nach einigem Zögern bewog, für unser Herumtollen im großelterlichen Garten lieber den Herbst als den Frühling zu wählen ...«

»Und doch waren ›die jungen Triebe und die zarten Knospen‹ sehr verführerisch ...«

»Der Herbst hat gesiegt, und ich habe es nicht bedauert ... habe ich doch dabei ›die sanften Strahlen einer bleichen Sonne und die rotgoldenen Blätter der Bäume‹ entdeckt ...«

Ich sitze bei geschlossener Tür in meinem Zimmer und bin mit etwas beschäftigt, was ganz normal, durchaus legitim und sehr lobenswert ist, ich mache nämlich meine Schularbeiten, und zwar in diesem Moment zufällig einen Hausaufsatz. Ich habe mir das Thema nicht ausgesucht, man hat es mir gegeben, sogar auferlegt, es ist ein Thema wie für mich gemacht, so recht für ein Kind meines Alters ... ich kann mich innerhalb seiner Grenzen austoben, auf einem gut vorbereiteten und dafür hergerichteten Gelände, wie im Pausenhof oder vielmehr, da das Herumtoben auch Kräfte fordert, wie in der Turnhalle.

Jetzt ist der Moment gekommen, mich ganz auf den großen Sprung zu konzentrieren ... das Nahen des Zuges, sein ohrenbetäubender Lärm, sein glühendheißer Dampf, seine riesigen, glänzenden Augen. Und dann, als der Zug vorbei ist, zwischen den Schienen das Häufchen weißer Haare, die Blutlache ...
Aber daran will ich noch nicht rühren, ich will den Wörtern Zeit lassen, den rechten Moment auszusuchen, ich weiß, daß ich mich auf sie verlassen kann ... die letzten Wörter kommen immer, als ob

sie von allen vorhergehenden geschoben würden... Im dunklen Saal des Kinos in der Rue d'Alésia, wo ich irgendeinen Stummfilm vorbeigleiten sehe, den eine gefällige, anregende Musik begleitet, rufe ich sie herbei, oder vielmehr rufe ich sie wieder herbei, sie waren schon vorher da, aber ich will sie noch einmal sehen... der Zeitpunkt ist günstig... ich lasse sie wiedererklingen... soll dies da an einen anderen Platz?... ich horche noch mal hin... wahrhaftig, der Satz, den sie bilden, hört sich gut an, er hat ein wohlklingendes Gefälle... vielleicht noch eine kleine Umstellung... und dann nicht mehr daran rühren, ich könnte ihn zerstören... nur dafür sorgen, daß er so bleibt, wie er ist, kein Wort davon verlieren bis zu dem Augenblick, da ich ihn auf mein schon säuberlich vorbereitetes Blatt Papier schreibe, und damit er in seiner ganzen Schönheit zur Wirkung kommt, werde ich mit einer neuen Zeile anfangen und hinter das Ganze den Schlußpunkt setzen.

Jetzt brauche ich nur noch im richtigen Abstand von der letzten Zeile mit tadellos sauberer Feder und dem Lineal einen schnurgeraden Strich zu ziehen.

»Nie in deinem ganzen Leben hat ein anderer Text von dir dich mit soviel Genugtuung erfüllt, mit soviel Wohlgefühl...

Doch, vielleicht später noch ein anderer Aufsatz, der über die Spielsachen...«

»Das war ein Thema in der dritten Klasse des Lyzeums. Auch da das Gefühl, etwas geleistet zu haben, als mir bezaubernde Wörter einfielen, voll vom ›Duft der Vergangenheit, einem modrigen Geruch, der mir entgegenschlug, als ich, allein auf dem Dachboden des alten Hauses, den schweren Deckel der Kiste hochob, in dem kaputte, alte Spielsachen durcheinanderlagen... eine Woge zauberhafter Erinnerungen...‹ ich lauschte entzückt der leisen Melodie meiner Sätze mit ihrer ›verhaltenen Melancholie, ihrer ergreifenden Wehmut...‹«

»Jetzt hattest du die Wörter vor allem von Balzac... Du mußt zugeben, daß du zwischen der Qualität seiner Texte und der anderer Autoren wie Boylesve oder Theuriet und deinen eigenen kaum einen Unterschied sahst...«

»Diese Ähnlichkeit bedeutete für mich Gewißheit, Sicherheit... Aber, zugegeben, meine eigenen Texte waren für mich genußvoller.
Als ich zum letzten Mal ›Mein erster Kummer‹ las... ich konnte ganze Abschnitte davon auswen-

dig... fand ich nichts daran auszusetzen, alles war glatt und klar und rund...«

»Du brauchtest diese Klarheit, diese runde Glätte, nichts durfte darüber hinausgehen...«

»Ich liebte das Feste, Faßbare, Unveränderliche... Das hat mir später bei der Geometrie der Ebene, bei der anorganischen Chemie und den Anfangsgründen der Physik so gefallen... das Archimedische Prinzip, die Fallmaschine von Atwood... man konnte sicher sein, daß nichts ins Wanken geraten, nichts labil oder ungewiß werden würde... Ich habe diesen Halt verloren, als ich das Gelände, auf dem ich mich vollkommen sicher fühlte, verlassen mußte und mich auf den schwankenden, unsicheren Boden der Geometrie des Raums und der organischen Chemie begab... ›Mein erster Kummer‹ ist so abgerundet und festgefügt, wie es nur sein kann, nichts Holpriges, keine jähe, störende Bewegung... nichts als sanftes, gleichmäßiges Wiegen, ein lieblicher Gesang...
Dieser Aufsatz ist es wirklich wert, daß ich ihn meinem Vater zeige. Er sieht sich gern meine Aufgaben an. Vor allem meine Aufsätze.
Dazu müssen wir allein sein. Wir sind stillschweigend übereingekommen, daß Vera nicht dabei sein

darf. Ebenso steht fest, ohne daß je ein Wort darüber gefallen wäre, daß sie nie dabei sein darf, wenn ich meinen Vater mein Zeugnis unterschreiben lasse. Freilich läßt es sich nicht vermeiden, daß ihr das Kreuzchen, das meine Lehrerin mir als Auszeichnung an den Schulkittel steckt und das ich die ganze Woche tragen darf, auffällt, und es bleibt nicht aus, daß dann so etwas wie kleine Wellen des Unmuts oder der Feindseligkeit in ihr aufsteigen.

Wenn ich mit meinem Schulheft in der Hand in das Arbeitszimmer meines Vaters komme, läßt er sofort alles stehen und liegen und hört mir zu... und ich habe dann beim Vorlesen wieder das glückliche Gefühl wie beim Gedichtaufsagen, nur noch stärker... gibt es einen Text, den ich in all seinen Nuancen besser zur Wirkung bringen könnte?

Mein Vater ist immer zurückhaltend, er ist sparsam mit Komplimenten, aber die brauche ich auch gar nicht, ich sehe an seinem Gesicht, an der Art, wie er mir zuhört, daß er sagen wird, es sei sehr gut. Mehr nicht. Aber das genügt mir. Nicht eine Sekunde lang steckt für uns beide hinter diesem Urteil mehr als bei irgendwelchen anderen Aufgaben, die ich mache. Nie gibt es die geringste Andeutung, nie auch nur den Anflug einer Idee von einer ›schriftstellerischen Begabung‹... nichts liegt so fern...«

»Bist du sicher?«

»Ganz sicher. Ich habe eine gute Arbeit geschrieben, das ist alles. Ich habe mir nichts herausgenommen und habe übrigens auch gar keine Lust dazu, ich versuche nie, die mir gesetzten Grenzen zu überschreiten, um irgendwo, wo ich nichts zu suchen habe, herumzustromern und ich weiß selbst nicht was zu holen... oder gar das, was mein Vater über alles haßt, was er nur mit einem verächtlichen Zug um die zusammengepreßten Lippen und mit zusammengekniffenen Lidern erwähnt, nämlich das, was er ›den Glorienschein‹ nennt... nein, den suche ich ganz bestimmt nicht. Nie kommt es mir in den Sinn, Schriftstellerin werden zu wollen. Manchmal frage ich mich, ob ich nicht Schauspielerin werden könnte... aber dafür muß man hübsch sein wie Vera Koren oder wie Robine. Nein, ich wollte gern Lehrerin werden.

An dem Tag, an dem unsere Klassenlehrerin uns die Aufsätze zurückgibt, ahne ich schon, ja, ich bin überzeugt davon, daß mein Name oben auf der Liste steht. Die Zensur ist nicht so wichtig... es wird wohl eine der besten sein... Aber damit mein Erfolg seine Bestätigung findet, muß die Arbeit unbedingt an erster Stelle stehen!...«

»Hast du nie bedacht, daß es die beste Arbeit von

dreißig ziemlich mittelmäßigen sein könnte und daß diese Auswahl infolgedessen ...«

»Nein, nie. Die Zahl eins ist für mich etwas Absolutes. Sie ist etwas Unübertreffliches. Ganz gleich auf welchem Gebiet. Ich bilde mir ein, daß sie mit nichts zu vergleichen ist. Es kann nicht sein, daß das, was ich gemacht habe, hinter der Arbeit einer anderen rangiert.«

»Wie wütend du warst über dich selbst... es war im Lycée Fénelon... als Monsieur Georgin beim Zurückgeben der Lateinarbeiten zum ersten Mal zu dir sagte: ›Was ist denn das? Sie sind...‹ war es Dritte oder Zweite?...«

»Auf dem Heimweg habe ich das schändliche Heft aus meiner Schultasche geholt, ich habe darauf herumgetrampelt, es zerrissen und die Fetzen in das Bassin auf der Place Médicis geworfen.«

Alle Kinder, die ich kenne, sagen ›Mama‹, Lili kann es nun auch sagen, Vera spricht von mir immer als von ihrer Tochter... und die Leute wundern sich manchmal... Haben Sie schon eine so große Tochter? Vera ist nämlich nur fünfzehn Jahre älter als ich... Und, obgleich sie so jung aussieht, scheue ich mich, sie Vera zu nennen wie mein Vater... so, als wäre ich erwachsen, schlage ich ihr also eines Tages vor... ich weiß überhaupt nicht mehr wie... ›Mama‹ zu ihr zu sagen. Sie antwortet mir ›Sehr gut, aber du mußt zuerst deine Mutter um Erlaubnis bitten‹...

Ich erinnere mich hingegen noch sehr gut an die Mahlzeit, zwischen meinem Vater und Vera, an meine Tränen, die in die Suppe tropfen, und das Schweigen um mich herum... mein Vater stellt keine Frage, er muß Bescheid wissen... schon bei

seiner Heimkehr hat Vera ihn unterrichten müssen, sie hat sicherlich zu ihm gesagt: ›Boretzkaja‹... ich weiß, daß sie, wenn sie unter sich sind, meine Mutter nach dem Familiennamen Koljas nennen... ›Boretzkaja hat geantwortet... sie will es nicht...‹
Ich versuche, meine Tränen zu unterdrücken, sie fließen immer mehr, ich wische sie mit dem Taschentuch ab, ich putze mir die Nase... mein Vater sieht gereizt, verärgert aus, seine Lider sind zusammengekniffen... er schlägt mir kurz auf die Schulter... ›Mach dir nichts draus‹... das Wort, das er stets gebrauchte, wenn er mich so ›aufgelöst‹ sah... ›Mach dir nichts draus, es lohnt sich nicht, glaub es mir.‹ Aber er weiß nicht, was in diesem Brief steckte... der Kummer, die Entrüstung Mamas... man muß schon herzlos, unempfindlich, undankbar sein und die heiligsten Bande vergessen, das Teuerste, was man auf der Welt hat, seine Mutter, einen Namen, den keine andere Frau tragen darf, es kommt auch nicht in Frage, statt dessen... es war die Alternative, die ich ihr vorgeschlagen hatte... einfach ›Mama-Vera‹ zu sagen. Dieser Name Mama kann mit keinem anderen verbunden werden. Ich hatte auf Erden nur eine einzige Mutter... und sie war noch nicht tot...
Meine Tränen, die von früher, die seit beinahe zwei Jahren versiegt waren... aber wie lange in diesem Alter die Jahre doch dauerten... diese Tränen kamen noch bitterer, noch beißender wieder.

Aus den großen Bögen blauen Papiers, die dazu dienen, meine Hefte und Bücher einzuschlagen, schneide ich kleine Quadrate, die ich, wie man es mir beigebracht hat, mehrmals falte, um Papiervögel daraus zu machen. Auf den Kopf eines jeden schreibe ich auf die eine Seite den Familiennamen und auf die andere den Vornamen einer Schülerin meiner Klasse: dreißig insgesamt, und ich bin eine von ihnen. Ich stelle sie auf meinen Tisch nebeneinander, in mehreren Reihen, und ich bin ihre Lehrerin... nicht die richtige, die uns dieses Jahr Unterricht erteilt... sondern eine Lehrerin, die ich mir ausdenke... ich setze mich auf meinen Stuhl ihnen gegenüber.

So kann ich, ohne zu leiden und sogar mit Vergnügen, die langweiligsten Lektionen lernen. Ich habe mein Geschichts- oder Erdkundebuch vor mir und ich stelle meinen Schülerinnen und mir selbst Fragen... den Faulpelzen, wenn ich die Lektion noch nicht gut kann... sie stammeln, sie sagen lauter Dummes und Drolliges, was ich erfinde, indem ich sie nachahme... ich mache gern andere Leute nach, und oft bringen meine Nachahmungen sie zum Lachen...

Derart verhüllt in Späße, Scherze und urkomische Albernheiten, vermag das in mich einzudringen und dort zu bleiben, was in unverkleidetem Zustand zurückgewiesen würde... Friedensverträge, Namen von Schlachten, Städten, Départements, Ländern, ihre Oberfläche, ihre Einwohnerzahl oder ihre Erzeugnisse... ich überpudere das alles mit etwas, was ganz nach meinem Geschmack ist... wie, zum Beispiel, dies... ›Sag mal, ja, du Madeleine Tamboitte... Aber mach bitte nicht so ein verdutztes Gesicht... *Wer* hat die Schlacht von Poitiers gewonnen? Wer? Sagt es ihr nicht vor!‹... ich klopfe ungeduldig mit meinem Bleistift auf den Tisch... ›Wer, hast du gesagt? Charles und Marcel?... Bravo! Nein, laßt das Lachen! Es war Charles Martel, du Dumme... Char-les Mar-tel. Und du, Suzanne Morin, sag du mir mal, *wen* hat er abgewehrt? Was? die Deutschen? Was erzählst du da, du hast ja nur Stroh im Kopf... die Deutschen waren es, die uns *was* weggenommen haben... sag es, Germaine Pelletier‹... und sie antwortet mit ihrer schrillen Stimme... ›Elsaß-Lothringen, im Jahre 1870‹... ›Sehr, sehr gut... Und eines Tages werden wir das zurückholen. Aber in Poitiers...‹ – ›Madame!‹ – ›Gut, sag du es... Ja, so ist es, in

Poitiers haben wir die Araber geschlagen... im Jahre 732. Prägt es euch gut ein: 732...‹
Manchmal kommen Schulräte... allerlei Schulräte... dicke, kurzatmige, die nur flüsternd ein paar Worte sagen... bösartige, blaß aussehende, magere, die süß-saure oder verletzende Bemerkungen hervorzischen... und auch ich verwandele mich, ich wechsele beliebig mein Aussehen, mein Alter, meine Stimme oder meine Allüren...
Dieser Schulrat ist etwas schwerhörig... ›Was hat diese Schülerin da geantwortet?‹... Ich verändere sofort die falsche Antwort... ›Das hat sie gesagt? Mir schien aber, daß sie...‹ – ›Nein, Herr Schulrat, die ganze Klasse hat es gehört... Nicht wahr? (in süßlichem Ton) meine lieben Kinder?‹... Und die ganze Klasse sagt blökend im Chor... ›Jaaa, Maadaame...‹
Leider muß ich meinen Schülerinnen sagen, daß die Schule für heute aus ist, und daß alle Papiervögel eingesammelt und aneinandergereiht in ihre Schachtel gelegt werden müssen.

Ich liege in meinem Zimmer in einer Villa in Meudon, wo wir den Sommer verbringen ... Mein ganzer rechter Arm ist von der Schulter bis zum Handgelenk geschwollen. Er ist hart, glühendheiß und mit Pickeln bedeckt, ich habe hohes Fieber ... das kommt von der Spritze, die der Arzt hier Lili und mir gegeben hat, damit wir keine Diphtherie bekommen. Lili hat nichts, aber ich ... ich habe sagen hören, daß er mich vermutlich mit einer nicht ganz sauberen Nadel gespritzt hat ... es geht mir immer schlechter, dicke Ohrwürmer, Tiere, vor denen ich mich sehr fürchte, krabbeln auf mir herum, wollen in meine Ohren kriechen, ich schreie ... Papa spricht leise mit mir, seine Hand liegt auf meiner Stirn ... jedesmal, wenn ich wieder zu mir komme, strecke ich den Arm aus und ich fühle da, ganz nahe ... Niemand anders als ihn ... Nie Vera ...

»Das scheint kaum möglich zu sein ... Wirklich nie?«

»Nein, nie, jedenfalls nicht während dieser Krankheit...«

»Sie muß auf deinen Vater böse gewesen sein...«

»Wahrscheinlich. Sie rächte sich oft so, indem sie sich überhaupt nicht mehr um mich kümmerte. Und wenn Vera einmal einen Entschluß gefaßt hatte... hätte man sterben können...«

»Das kann man in diesem Falle wohl sagen...«

»Es ist beinahe dunkel... Mein Vater hebt mich plötzlich aus dem Bett, hüllt mich in eine Decke und trägt mich, von einem Mann unterstützt... es war der Chauffeur eines Taxis, das er aus Paris hatte kommen lassen... Auf dem ganzen Weg beruhigt er mich mit seiner Stimme von früher, er streichelt meinen Kopf... ›Es ist gar nicht schlimm, du wirst sehen... wir fahren zu einem tüchtigen Kinderarzt, zu einem Professor, der wird dich wieder gesund machen...‹ Das Taxi hält in einer breiten Straße in Paris, man bringt mich hinauf, man trägt mich durch große Räume bis zu einem ganz weißen Zimmer... ein Doktor untersucht mich... er nimmt eine Pinzette und schneidet an meinem Arm eine Pustel nach der anderen auf.«

»Man sieht noch heute die Narben.«

»Er macht Verbände, er gibt mir eine Spritze, er ist ganz ruhig und sanft. Mein Vater und der Chauffeur schaffen mich wieder nach unten. Im Taxi sieht mein Vater glücklich aus, er drückt mich an sich... ›Du wirst wieder gesund, Professor Lesage sagte...‹«

»Ein Name, den er oft wiederholt hat.. ›Professor Lesage... was für ein Arzt... ich werde ihn nie vergessen... ohne ihn...‹«

›Professor Lesage hat es versprochen... Wie gut war es, daß wir zu ihm gefahren sind... du wirst nun schlafen, bald bist du in deinem Bettchen, und alles geht vorbei, du bist bald wieder gesund, Taschotscheck, mein Töchterchen, mein Liebes.‹

Seit einiger Zeit verzichte ich nach der Schule um vier Uhr darauf, auf der Straße herumzubummeln, zu schwätzen und Himmel und Hölle zu spielen, ich möchte sofort nach Hause, ich weiß, daß sie die Schulglocke gehört hat und auf mich wartet... ich eile nicht mehr schnurstracks durch den Gang in mein Zimmer, ich gehe sofort in ihr Zimmer, das zur Diele hin liegt, ich renne auf sie zu, ich umarme sie, ich drücke sie an mich, ich nenne sie auf russich ›Babuschka‹ und auf französisch ›grand-mère‹, sie hat es so gewünscht, obgleich sie Veras Mutter ist. Aber es kann keine wahre Großmutter geben, die mir besser paßte, mir besser gefiele. Sie hat jedoch nicht viel von dem an sich, was die in den Büchern beschriebenen Großmütter so anmutig macht...

»Sie hat nicht viel mit der gemein, die du später in einem deiner Bücher beschrieben hast...«

»Nichts als den molligen Rock, die vielen Flecken auf dem Rücken ihrer Hände und an ihrem Ringfinger auf der Höhe des Gelenks die kleine Kuhle... Aber sie hat glanzloses gelbes Haar, ihre Augen gleichen nicht blauem Email, sie sind gelblich-grün, ein wenig verblichen, sie hat ein großes, fahles Gesicht mit ziemlich groben Zügen... es ist nicht möglich, sie zu einer hübschen blau-rosa Statuette einer Großmutter wie im Märchen umzumodeln... es ist unmöglich, ihr eine feste Form zu geben... es gibt an ihr etwas, was immer in Bewegung ist, etwas Sprudelndes, Quicklebendiges, das sofort dem, was man ihr zeigt, entgegenkommt...

Ich stelle meine Schultasche weg und wasche mir die Hände in der Toilette zwischen unseren Zimmern, und dann vespern wir, sie macht Tee auf einem kleinen Kocher und holt aus dem Schrank ein Glas Karottenkonfitüre, die sie nach ihrem eigenen Rezept gemacht hat und die nur wir beide allein mögen... ich erzähle ihr alles, was in der Schule geschehen ist, und durch ihre Art zuzuhören, macht sie das alles interessant und amüsant... Mit ihr lerne ich die widerlichsten Lektionen... mit ihr werden sogar die Erdkunde-Aufgaben reizvoll, ich brauche meine Papiervögel nicht mehr. Ich habe sie nur ihr gezeigt, und einmal habe ich vor ihr Unterricht veranstaltet, ich habe sie zum Lachen gebracht...

Wir lachen beide viel, besonders, wenn sie mir Komödien vorliest... *Der eingebildete Kranke* von Molière oder *Der Revisor* von Gogol... sie liest

sehr gut, sie lacht manchmal so sehr, daß sie nicht mehr weiterlesen kann, und ich kringele mich buchstäblich vor Lachen zu ihren Füßen auf dem Teppich.
Es ist kaum zu glauben, daß sie zum ersten Mal in ihrem Leben in Frankreich ist... Wenn man sie sprechen hört, ist man sicher, daß sie immer hier gelebt hat, sie hat keine Spur von einem fremdländischen Akzent in ihrer Aussprache, in ihren Betonungen, sie sucht nie nach Worten...«

»Sie gebraucht nur... es kommt selten vor... gewisse Wörter, die altertümlich klingen... wie ›serrer‹ statt ›ranger‹... ›Serre cela dans le tiroir de la commode‹ (›Räume das in die Schublade deiner Kommode‹).«

»Sie vergißt während der Mahlzeiten schon mal, daß sie in Frankreich ist, und wenn sie gerade russisch spricht und etwas sagen möchte, was das Dienstmädchen, das serviert, nicht verstehen soll, sagt sie es auf französisch, und manchmal ist es eine unfreundliche Bemerkung... dann erinnert Vera sie auf russisch daran, daß sie in Frankreich ist, und sie wird rot, sie drückt ihre Betroffenheit diesmal russisch aus... ›Mein Gott! ist ja auch wahr, wo habe ich nur meinen Kopf? Wie schrecklich...‹

Mein Vater nennt sie Alexandra Karlowna... Karl ist kein russischer Vorname, ihr Vater hieß Charles Feue de la Martinière, er war ein mit einem besonderen Auftrag von Napoleon nach Rußland entsandter französischer Offizier (ich habe lange geglaubt, es wäre Napoleon I. gewesen, und ich war sehr enttäuscht, als ich erfuhr, daß es Napoleon III. war). Drüben hat er eine Russin geheiratet, und kurz danach sind beide an der Cholera gestorben und haben eine Tochter hinterlassen: Alexandra...
Unsere Mahlzeiten werden durch ihre Anwesenheit verwandelt... zwischen meinem Vater und ihr spüre ich Achtung, Zuneigung... mein Vater spricht viel mit ihr, und auch sie erzählt, diskutiert, sie stellen einander Fragen, und sie fragen mich auch nach dem, was wir gerade in der Schule durchnehmen, ganz unbekümmert, als wäre ihnen Veras Anwesenheit nicht bewußt, und ich antworte, als ob nichts dabei wäre. Mein Vater äußert sich sehr lobend darüber, wie die Kinder in den Elementarschulen, nach meiner zu urteilen, behandelt und unterrichtet werden... es ist vorbildlich als Erziehungswesen, das Schulsystem in Frankreich... Er möchte, daß Babuschka seine leidenschaftliche Liebe zu diesem Land teilt.
Nach dem Abendessen gehe ich oft wieder in ihr Zimmer, sie lehrt mich eines jener großen, runden, weitmaschigen Schultertücher zu häkeln, die sie für sich selbst macht und von denen sie stets eins einmal

gefaltet auf den Schultern trägt... Mit ihr versuche ich gern, meine Deutschkenntnisse wieder aufzufrischen, die ich früher im Gespräch erworben habe, und sie läßt mich in Fraktur gesetzte Texte lesen... sie erteilt mir Klavierunterricht, was mir viel weniger Spaß macht, aber sie wäre froh, wenn ich spielen könnte, darum bin ich bereit, während ich neben ihr sitze, ohne zu murren mit dem Langweiligsten, was es auf der Welt gibt, mit den Tonleitern und Etüden immer wieder von vorn anzufangen...

Eines Tages habe ich sie gefragt, wie sie das alles, was sie wisse, gelernt habe, und sie hat mir erzählt, sie sei nach dem Tode ihrer Eltern als Zögling der Zarin im Smolny-Institut erzogen worden... Ich hatte in Petersburg ein Buch gehabt, dessen Geschichte sich im Smolny-Institut abspielte... Meine Mutter fand dieses Buch fade, schlecht geschrieben... Was reizt dich daran?... Es begeisterte mich jedoch... Ich glaube sogar, daß es eine der Episoden meines unseligen Romans inspiriert hat, in dem ich beim Wehen erster Frühlingswinde einen jungen Schwindsüchtigen sterben ließ...

Auf dem Boden sitzend, mit dem Rücken an Großmutters Knien, hörte ich sie von ihrer Kindheit erzählen, sah ich wieder die weiten, verschneiten Plätze mit dem bläulichen Widerschein, die Säulenfassaden der in zarten Farben bemalten Paläste, die hohen Doppelfenster, die mit Silberpailletten übersäten Watteschichten zwischen den mit Eisblumen verzierten Scheiben, die glitzernden Eiszapfen und die Schlitten... und in einem dieser Paläste die breiten, langen Galerien mit glänzendem Parkett, die kleinen, weißen Zimmer... die hübsche Uniform, die strengen Regeln... jeden zweiten Tag spricht man nur französisch miteinander... und an einem anderen Tag deutsch... es ist verboten, selbst flüsternd bei Tisch oder auf dem Flur nur ein einziges russisches Wort zu sagen. Französinnen, Deutsche und Engländerinnen führen unablässig Aufsicht und lassen nichts durchgehen... Und die Feste... der Besuch der Zarin... eine nur aus Schönheit und Güte bestehende Erscheinung... die Einführungen, die Hofknickse... der Ball in weißen Kleidern, mit Blumen im Haar... man kann nicht weiter von den kleinen Straßen hier entfernt sein, von diesen Häusern mit den flachen, grauen Fassaden, von unseren schwarzen Kitteln, von meiner Schule, von ihren Klassenräumen, von ihrem Schulhof, von ihrer Pausenhalle aus Zement mit dem gutmütigen, alten Gesicht des Präsidenten Fallières an der Wand...

Was soll ich dir noch erzählen? Es war nicht alle Tage lustig, es war oft sehr kalt, die Vorschriften waren streng, ich hatte keine Eltern... ›Und danach, als du entlassen warst?...‹ – ›Oh, danach... ich war früh verheiratet... mit einem Offizier‹... Ich wußte, daß ihr Mann Fjodor Scheremetewski zu trinken begonnen hatte... ich kann mich nicht mehr erinnern, wer, sie war es bestimmt nicht, ich weiß nicht mehr, wer mir gesagt hatte, er sei an einer schrecklichen Krankheit gestorben, bei der man überall gräßliche Tiere herumkrabbeln sieht... am Delirium tremens... ›Nach seinem Tod, als ich allein zurückgeblieben war... er war sehr verschwenderisch, er hatte sich ruiniert... mußte ich unsere vier Kinder aufziehen... ich mußte Unterricht erteilen, Nachhilfestunden geben...‹ – ›Kannst du es deshalb so gut?...‹ – ›Was willst du, ich mußte es wohl... sie waren noch klein... Nun ist Fjodor‹... Großmutter spricht immer voller Stolz von ihrem ältesten Sohn... ›Fjodor ist nun Universitätsprofessor... Genia ist sehr gebildet... Lydia‹... sie spricht nicht gern von ihr... Vera sagt manchmal von dieser Schwester, sie sei etwas exzentrisch... und Vera selbst... Großmutter nennt sie ›die Kleine‹, sie ist ihre jüngste Tochter... man spürt, daß sie sie gern hat...«

»Anscheinend ist es zwischen ihnen während des ganzen Aufenthalts nicht zu der geringsten Meinungsverschiedenheit gekommen, es fiel kein unangenehmes Wort... Wenn man es sich recht überlegt, ist es erstaunlich, daß Vera deine so liebevollen Beziehungen zu ihrer Mutter so gut aufgenommen hat... und auch einen gewissen Abstand ihrer Mutter, vielmehr eine distanzierte Haltung gegenüber Lili... Aber Vera wußte, daß die ganz kleinen Kinder ihre Mutter nicht so sehr interessierten, und sie mußte sich darüber im klaren sein, daß der nervöse Charakter Lilis, ihre unaufhörlichen Launen und ihr Geschrei sogar ihren Vater von ihr fernhielten... Der Vater hat sich ihr erst später etwas mehr genähert...«

»Man spürte, daß Vera ihre Mutter sehr liebte und respektierte, und daß ihre Mutter zärtlich mit ihr umging, aber daß Vera sie doch ein wenig beunruhigte, es mußte nicht leicht gewesen sein, sie zu erziehen... Großmutter hat mir eines Tages über sie gesagt... es ist vielleicht das einzige Mal, daß sie darüber mit mir gesprochen hat... ›Sie ist genauso wie ihr Vater... keines meiner anderen Kinder gleicht ihm so sehr... Wenn sie etwas wollte oder etwas nicht wollte, war nichts zu machen... das hat sie von ihm... und auch, daß sie so gerne tanzt, sie hat wirklich Talent... und ihre Unerschrockenheit... Ich bin eher etwas...‹ Ich umarme sie, ich drücke sie an mich... ›Oh, du, du, du, du bist... Niemand kann besser sein als du.‹«

»Und dann ist sie, so plötzlich wie sie gekommen war, wieder verschwunden. Ihr Sohn flehte sie an, wieder nach Hause zurückzukehren, er hatte drei Töchter, um die sie sich sehr kümmerte, sie hatte versprochen, nach einigen Monaten zurückzukommen, und jetzt war es bald ein Jahr... sie muß zurück... sie hat es mir mehrmals gesagt, aber ich achte nicht darauf, es war unmöglich, ich wollte es nicht...

Als sie mich vor ihrer Abfahrt in die Arme schloß, waren wir allein, ich war wie benommen... Sie warf den Kopf zurück, um mir tief in die Augen zu sehen, sie streichelte meine Wange und sagte zu mir: ›Sei auch in Zukunft fleißig in der Schule, das ist die Hauptsache.‹ Und dann hat sie etwas hinzugefügt, was mich wunderte: ›Achte gut auf deinen Papa.‹

Ich weiß nicht mehr, wie mir nach ihrer Abreise zumute war... ich könnte es mir nur denken, das wäre leicht. Ich kann mich jedoch ganz genau daran erinnern, wie nach einiger Zeit, ziemlich lange danach, mein Vater Vera etwas besorgt fragte... sie waren im Nebenzimmer, sie ahnten nicht, daß ich sie hören konnte... ›Was ist nur mit Natascha los?‹ und sie antwortete: ›Das ist wegen Mamas Abreise...‹«

Adèle nahm mich manchmal mit in die Kirche von Montrouge, wo ich die gleichen Gesten machte wie sie... Gesten, die mir nicht viel anders als jene vorkamen, welche die bloße Höflichkeit erfordert... die schnell ins Weihwasserbecken getauchte Hand, das automatische Kreuzzeichen, die kurze Andeutung des Niederkniens beim Vorbeigehen am Altar... es hätte sie sehr schockiert, wenn ich es nicht getan hätte, so wie sie verstimmt gewesen wäre, wenn ich beim Verlassen eines Geschäfts versäumt hätte, deutlich die Abschiedsworte ›Au revoir, Madame‹ zu sagen... oder wenn ich an einer Tür jemandem nicht den Vortritt gelassen hätte... Ich konnte mir überhaupt nicht vorstellen, daß... trotz allen von Adèle gewissenhaft und häufig ausgeführten frommen Handlungen, sie nahm oft an der Frühmesse um sechs Uhr morgens teil und ging jeden Sonntag zur Kirche... ich vermochte nicht, ihr den geringsten Teil eines geistigen Lebens, irgendein Gefühl für die mögliche Existenz von etwas beizumessen, das nicht auf der Erde, das nicht ganz unten auf der platten Erde, auf der sie lebte, war.

»Aber du selbst, wenn du betetest ...«

»Es war eher Aberglaube ... ich sagte das ›Vater unser‹ oder das ›Gegrüßet seist du, Maria‹ auf ... so wie ich auf Holz klopfte, um Unheil abzuwenden oder in der vagen Hoffnung, auf diese Weise zu bekommen, was ich mir wünschte ...

Wenn ich mit Großmutter in der russischen Kirche der Rue Daru war, kniete ich neben ihr nieder und beugte meine Stirn bis an den Boden, ich machte das Kreuzzeichen, diesmal nicht wie mit Adèle, von links nach rechts bei offener Hand, sondern von rechts nach links und mit dem Daumen an zwei Fingern.

Ich weiß nicht, ob Großmutter eine gläubige orthodoxe Christin war, ich glaube, sie ging an Feiertagen zur Kirche, um an den Riten, die sie liebte, teilzunehmen, um ihr Rußland wiederzufinden, sich wieder hineinzuversenken, und ich versenkte mich mit ihr wieder hinein ... ich fand die Wärme wieder, das Licht der zahllosen Kerzen, die Ikonen in ihren Rahmen wie Spitzenarbeit aus Silber oder Gold, die von den Flämmchen der Wachslämpchen beleuchtet wurden, und die gregorianischen Gesänge ... eine über alles gebreitete innige Frömmigkeit und in mir so etwas wie eine ganz sanfte, ruhige Begeisterung, die ich schon einmal gespürt hatte... war es in Petersburg oder noch früher in Iwanowo...«

»Wie merkwürdig, daß du in diesem Alter nie auf den Gedanken gekommen bist, daß diese Religionen nicht die deiner Vorfahren waren... daß noch nie jemand mit dir darüber gesprochen hatte...«

»Meine Mutter wollte nichts davon wissen... ich glaube, sie dachte nie daran. Was meinen Vater betrifft, so betrachtete er alle Religionsausübungen als überfällige Bräuche... als alte, überholte Vorstellungen... er war ›Freidenker‹, und für ihn wie für alle seine Freunde war die bloße Erwähnung, jemand sei Jude oder Nichtjude oder Slawe, ein Zeichen finsterster Reaktion, eine ausgesprochene Unanständigkeit...

Ich habe über einen Freund, der bei uns zu Hause verkehrte, nie gehört, daß er etwas andres als ein Russe oder ein echter Franzose sei. Und in der Schule schien es sogar den Begriff Russe gar nicht zu geben, alle Kinder, woher sie auch immer gekommen sein mochten, wurden als gute, kleine Franzosen angesehen. Ich erinnere mich nicht daran, daß man mir in dieser Beziehung jemals irgendeine

Frage gestellt hat, es war unverkennbar, daß die Vorstellung von rassischen oder religiösen Unterschieden niemandem in den Sinn kam.
Mein Vater ließ mich in alle Kirchen gehen, in die man mich mitnahm... vielleicht sagte er sich, daß diese schönen Zeremonien bei einem Kind nur schöne Erinnerungen hinterlassen könnten, und er versuchte mich ebensowenig von Gott, von Christus, den Heiligen und der Muttergottes abzubringen, wie er mich nicht daran gehindert hatte, zum Weihnachtsmann zu beten.
Aber später habe ich, jedesmal wenn die Frage aufgeworfen wurde, meinen Vater sofort erklären und von den Dächern rufen hören, daß er Jude sei. Er dachte, es sei schändlich, es sei stumpfsinnig, sich dessen zu schämen, und er sagte: Wie vieler Schrecken und Niederträchtigkeiten, wie vieler Lügen und Gemeinheiten bedurfte es, um soweit zu kommen, daß Leute sich ihrer Vorfahren vor sich selbst schämen und sich in ihren Augen aufgewertet fühlen, wenn es ihnen gelingt, sich andere Ahnen zuzulegen, irgendwelche anderen, nur nicht solche... ›Findest du nicht‹, sagte er mir zuweilen, sehr viel später, ›daß es, wenn man es sich recht überlegt, immerhin...‹ – Ja, das fand ich auch...

Madame Bernard hat mir nie Fragen über mein Familienleben gestellt, sie sagte zu mir wie zu den anderen ›Sag deiner Mutter, sie soll mal zu mir kommen...‹ vielleicht war ihr aufgefallen, daß mein Vater immer nur kam... jedenfalls weiß ich nicht, warum sie mich eines Tages gefragt hat, ob ich am nächsten Tag zu ihr kommen wollte, um mit ihren Kindern zusammen zu vespern... und danach noch ein Weilchen zu bleiben und meine Hausaufgaben bei ihr zu machen.

»Es war vielleicht wegen dieser peinlichen Sache... weißt du noch... die Läuse...«

»Ach ja, die Läuse... der Klassenraum ist noch leer, ich sitze allein in meiner Bank, und hinter mir sitzen die beiden schlechtesten Schülerinnen der Klasse, zwei unzertrennliche Tratschbasen, die immerzu miteinander tuscheln, Blicke austauschen

und hämisch lachen ... Ich mied sie, aber sie spielten eine wichtige Rolle in meiner Papiervogelklasse ... sie waren mir eine große Hilfe, wenn ich mich zu langweilen begann, sie verschafften mir die Gelegenheit, mich zu amüsieren, indem ich sie hanebüchene Dinge sagen und sie komische, freche Antworten geben ließ ...
Jetzt sitzen sie leibhaftig da, hinter mir, überhaupt nicht komisch, etwas abstoßend, salopp, tuschelnd, grinsend, mißgünstig ... sie drohen unter den kurzen Schreien und Lachern zu ersticken, und wenn ich mich umdrehe, tun sie so, als ob nichts los wäre ... Als der Unterricht vorbei ist, laufen sie schnell die Stufen hinab, rennen zu Madame Bernard und flüstern ihr aufgeregt etwas zu ... und schon schaut Madame Bernard nach mir aus, sie winkt mich zu sich und nimmt mich in ein kleines Büro neben dem Klassenraum mit, wo sie zu mir sagt: ›Laß mich mal deinen Kopf ansehen‹ ... sie beugt sich ganz nah über mein Haar und in verlegenem, entrüstetem, ernstem, mitfühlendem Ton sagt sie die unerwarteten Worte: ›Du hast Läuse ... Sie müssen so schnell wie möglich bei dir entfernt werden ... Deshalb wirst du ein paar Tage zu Hause bleiben ... Eine Schülerin wird dir alles Nötige, damit du auf dem laufenden bleibst, bringen, und du wirst ihr deine Hausaufgaben mitgeben, so wirst du nichts versäumen ... und sage deiner Mama, sie soll mal zu mir kommen.‹ Und sie richtet

auf mich einen besorgten, durchdringenden, liebevollen Blick, der mir wieder einmal die Feinheit, die große, verschämte Güte verrät, die ich stets in ihr spüre...

Ich laufe so schnell ich kann nach Hause und verkünde Adèle und Vera die verblüffende Neuigkeit: ›Ich habe Läuse! Ja, im Haar‹... Adèle stürzt auf mich zu, schaut, löst meine Zöpfe, stellt fest, daß... ›Wie ist es nur möglich, daß du nichts gefühlt hast? Hat es dich denn nie gejuckt?‹ – ›Ach was...‹ – ›Jesus, Maria und Joseph, Mutter Gottes, erbarme dich unser, da sind sogar Nissen...‹ Ich höre dieses Wort zum ersten Mal... ›Ja, da sind Nissen, die Eier von Läusen...‹ Vera schimpft, sie zürnt Adèle, Adèle beteuert ihre Unschuld und beschuldigt mich... ›Das kommt davon, wenn sie alles selbst machen will... Mademoiselle flicht ihre Zöpfe selbst, wäscht sich ganz allein, man darf sie nicht anrühren...‹ Während sie Madame, die wütend ist, noch ›Widerworte gibt‹, schickt sie sich an, zur Apotheke zu gehen, und sie bringt von dort eine Salbe mit, mit der sie meinen Kopf einreibt, indem sie die Haare Reihe um Reihe auseinanderkämmt, sie schmiert sie ganz voll Salbe, kämmt sie nach oben und wickelt sie fest in ein Handtuch.

Von der Auseinandersetzung, zu der es anschließend vermutlich zwischen meinem Vater und Vera kam, ist nichts zu mir gedrungen.

Ich begriff kaum die Aufregung und das hämische Grinsen der beiden Schülerinnen, ebensowenig wie die ernste, besorgte, verlegene Miene von Madame Bernard und ihr zärtliches, feines Mitgefühl... und auch nicht Adèles Erregung und Beteuerungen und Veras wütende Beschuldigungen... ich hatte den Eindruck, immer ziemlich sauber zu sein, und die Läuse auf meinem Kopf schienen mir nicht viel anders zu sein als Mikroben, die man, ohne etwas dafür zu können, durch Ansteckung aufschnappt, so wie ich die Masern bekommen hatte...

Ich weiß nicht, wieviele Male ich zu Madame Bernard gegangen bin, ob ich überhaupt oft hingegangen bin... alles hat sich in ein paar Bilder aufgelöst... das Glänzen des grün-gelblichen Wachstuchs auf dem großen, viereckigen Tisch des Eßzimmers, das von einer weißen Opalinhängelampe beleuchtet wird... das Gesicht von Madame Bernard ist ein rosa Fleck unter der dichten silbrigen Schicht ihres Haars... ihr rundlicher, ziemlich kleiner Körper, ihre lebhaften, genauen Gesten, wenn sie an ihre Kinder und mich Schokoladenriegel und Butterbrote verteilt... die aufgeschlagenen Hefte vor uns, unsere Hände... aber ich sehe uns nicht, ich sehe nur Arme, Hände, die sich ausstrecken und die Schreibfeder in das schwere Tintenfaß aus Glas mitten auf dem Tisch tauchen... Sie sitzt ein wenig abseits in einem Sessel und strickt still vor sich hin... und in ihrer Haltung, den Bewegungen ihrer Finger, dem leisen Klicken ihrer Stricknadeln, in ihrem Blick, der sich manchmal, wenn ich den Kopf hebe, auf mich richtet, immer jene Aufmerksamkeit, die diskret ist und... zärtlich?... nein, das nun doch nicht, und mir ist dies auch lieber, es ist friedlicher, beruhigender, daß die Grenzen nicht überschritten werden... die ziemlich fernen, aber nicht allzu weit entfernten Grenzen, sie sind weit genug, im richtigen Abstand... die Grenzpfähle des bloßen Wohlwollens.

»Ich meine, daß dies vor dem Aufenthalt Großmutters gewesen sein mußte...«

»Oder danach?«

»Nein, vorher... mir scheint, daß Großmutter gekommen ist, als du in die Abschlußklasse aufgenommen werden solltest...«

»In jener Klasse war Mademoiselle de T... Klassenlehrerin, es ist mir unmöglich, ihren vollständigen

Namen wieder heraufzuholen, mir scheint, daß er ganz kurz war und mit einem ›y‹ oder ›é‹ endete. Ihre Adoptivtochter, die jünger war als ich, hatte, wie mir wieder einfällt, den Vornamen Clotilde.
Madame Bernard hatte mich wahrscheinlich Mademoiselle de T. ›wärmstens empfohlen‹, denn von Anfang an habe ich bei ihr Aufmerksamkeit, ja, so etwas wie Sympathie gespürt... und später, im Laufe des Jahres bat sie mich manchmal beim Verlassen der Schule, sie bis zu ihr nach Hause zu begleiten, es war nicht sehr weit, irgendwo auf derselben Seite der Rue d'Alésia, ich brauchte auf dem Rückweg keine gefährliche Straße zu überqueren.
Auch sie stellte keine Fragen nach meinen privaten Verhältnissen, wir schwiegen oder aber sprachen über das, was in der Schule durchgenommen wurde oder über Bücher, die ich daheim las... ich entlieh die Bücher ebenso wie sie selbst aus der Bibliothek der Jungenschule... Wir gehen die Rue d'Alésia entlang auf den Parc Montsouris zu, sie hält Clotilde an der Hand... von Zeit zu Zeit bleibt sie stehen, sie neigt ihren langen, mageren Oberkörper und ihr sehr dünnes Gesicht mit den flachen Wangen leicht zu mir, sie wirft, wie sie es oft tut, eine Strähne ihres kastanienbraunen Haars zurück, die ihr wieder in die Stirn, über ihre lebhaften Augen rutscht...
In der Klasse sprach sie jedes Wort so deutlich aus wie nur eben möglich, sie erklärte alles ganz lang-

sam, geduldig, beinahe zu oft... Bei ihr hatte ich noch mehr als bei Madame Bernard den Eindruck, eine Welt zu erforschen... man kann es schaffen, man braucht sich nur Mühe zu geben, eine Welt mit ganz akkurat gezogenen Grenzen, eine solide, überall sichtbare Welt... die mir genau angemessen ist.

Schon bei Madame Bernard schnürte es mir die Kehle zu, kamen mir die Tränen ebenso wie ihr, wenn sie uns vom Krieg 1870/71, von der Belagerung von Paris und dem Verlust von Elsaß-Lothringen erzählte. Die *Marseillaise*, die wir im Chor sangen, versetzte mich in Erregung, ließ mich erbeben, ich spürte, wie in ihren Akzenten der Zorn über eine unerträgliche Niederlage aufzuckte, die Rachelust und der kriegerische Elan...
Bei Mademoiselle de T. hat diese Bewunderung für das Opfer des Lebens im Dienste des Vaterlandes ihren Höhepunkt erreicht...
In dem Bildnis des mit der Fahne in der Hand über die Brücke von Arcole stürmenden Bonaparte, das über meinem Kamin zwischen Spiegel und Rahmen steckte, verdichteten sich alle meine Träume von Heldentum und Ruhm...

»Etwas später erst überkam dich die große Liebe zu ihm...«

»War es Liebe? Ich versetzte mich so in ihn hinein... Als ich später in meiner Lyzeumszeit mit Nadeln eine riesige Karte von der Schlacht bei Austerlitz an meiner Schlafzimmerwand befestigt hatte, eine Karte, die von mir selbst mit Buntstiften gezeichnet worden war, jedes Regiment, jeder Hügel war darauf eingetragen... da war ich es, verkörpert durch den etwas fetten, dickbäuchigen Napoleon, aber ich sah ihn nicht, ich selbst war es, die mit seinen Augen durch das Fernrohr sah und Befehle gab...«

»Als Mademoiselle de T. die ganze Klasse ins Luxembourg-Museum führte und uns danach aufgab, für die nächste Französischstunde das Gemälde zu beschreiben, das man am liebsten hatte, wähltest du natürlich *Der Traum* von Detaille...«

»Ich habe von dieser Hausaufgabe das Gefühl bewahrt, das ich einmal hatte, als ich ›Bataillone von Helden‹ beschrieb, ›die einen Ruhmeshimmel über den in ihren dunklen Feldmänteln eingeschlafenen Soldaten durchschritten...‹ ein Gefühl der Begeisterung, die sich in Sätzen ergoß, welche ich wer weiß wo aufgelesen hatte und die schon überaus schwülstig waren, von mir aber noch mehr aufgebläht wurden, damit sie sich noch höher erhöben, ja, die sich nicht hoch genug erheben konnten ...«

Ein Student sitzt über seinen mit Heften und Büchern bedeckten Tisch gebeugt, er bereitet sich auf eine Prüfung vor... als sich plötzlich hinter seinem Rücken ein dunkler Samtvorhang ein wenig öffnet... zwei Hände mit dicken, kräftigen Fingern kommen daraus hervor, schieben sich heran... zwei Hände in Handschuhen aus weißlicher Haut... in Handschuhen aus Menschenhaut!... sie nähern sich langsam, sie umfassen den Hals des Studenten, sie drücken ihm die Kehle zu... ich glaube zu sterben... wenn ich auch das Licht in meinem Zimmer brennen lasse und mit dem Rücken an der harten, nackten Wand, wo es gar keinen Vorhang gibt, im Bett bleibe... aus der Wand kann nichts herauskommen... ich sehe dennoch die Würgehände, sie nähern sich meinem Hals von hinten... ich halte es nicht länger aus, ich springe aus dem Bett, ich laufe barfuß über den langen Korridor, ich klopfe an die Schlafzimmertür, mein Vater öffnet sie, kommt heraus und schließt leise wieder die Tür, denn Vera schläft... ›Papa, ich flehe dich

an, laß mich bei dir bleiben, ich habe Angst, ich kann es nicht mehr aushalten, ich habe alles versucht, ich sehe die Hände...‹ – ›Was hast du? Was für Hände?‹ – ›Du weißt doch, die Hände in Handschuhen aus Menschenhaut‹... ich schluchze... ›laß mich bitte, ich werde kein Geräusch machen, ich lege mich auf den Bettvorleger...‹ – ›Du bist verrückt... Das kommt davon... du schaust dir irgendeinen idiotischen Film an... du fragst mich erst gar nicht...‹ – ›Doch, ich habe dich um Erlaubnis gefragt...‹ – ›Nein, du hast überhaupt nichts gefragt.‹ – ›Doch, ich habe dich gefragt, ob ich mir mit Mischa den Film *Fantômas* ansehen könnte, und du hast ja gesagt...‹ – ›Das kann nicht sein... was denkst du wohl... wenn jemand so ängstlich ist wie du. Ich bin sicher, daß Mischa keine Angst hat...‹ – ›Aber ich, ich sterbe vor Angst... bloß zu denken, daß es wiederkommt... bleib bei mir...‹ – ›Das hat mir gerade noch gefehlt. Ich muß um sechs aufstehen... und du hast nichts, du bist nicht krank, du läßt dich gehen wie ein Baby, wie eine Transuse... sich mit elf Jahren so wenig beherrschen zu können, ist einfach eine Schande. Du bist zum letzten Mal im Kino gewesen...‹
Ich gehe wieder in mein Zimmer, lege mich wieder hin, die Wut darüber, mich einer kränkenden Zurückweisung, einer beleidigenden Mißachtung ausgesetzt zu haben, schwillt in mir, ich werde platzen und alles zermalmen, was sich mir zu

nähern wagt... Hände... ganz gleich welche Hände, selbst mit Handschuhen aus Menschenhaut... sollen sie doch kommen... aber während ich mich hinlege und mich umdrehe, nicht mit dem Rücken zur Wand, warum nur? nein, mit dem Rücken zur Leere hinter mir, absichtlich, wir werden schon sehen... ich mag auch noch so fest die Augen schließen, mich ganz steif machen und warten, mein Zorn muß sie wohl fernhalten, sie wagen es nicht, hinter meinem Rücken zu erscheinen, sie verhalten sich ganz ruhig dort drüben, im Film, weit weg von mir... hinter dem Rücken jenes jungen Mannes... Hände... Mischa hatte recht... Handschuhe aus Menschenhaut sollten das sein? Man sieht doch, daß es Handschuhe aus Gummi sind... Handschuhe aus dickem Gummi... ich lache etwas zu laut, ich höre nicht mehr auf zu lachen, ich weine vor Lachen, während ich einschlafe.

Seit einiger Zeit wirkt Vera entspannter, fröhlicher als vorher, sie kneift nicht immerzu die Lippen zusammen, sie hat nicht mehr den harten, schneidenden Blick, sie erinnert mich an die Vera, die sie früher einmal war, als sie in der Rue Boissonade mit mir tanzte oder als sie neben meinem Vater und mir im Jardin du Luxembourg vor den Rasenflächen des englischen Gartens saß...

»Auch nach dieser schon sehr fernen Zeit ist es bisweilen, allerdings sehr selten, vorgekommen, daß sie angenehmer, jünger aussah, wie zum Beispiel bei den Fahrrad-Ausflügen im Wald von Fontainebleau oder als du sie zum Lachen brachtest, indem du neben ihr riesige Teller voll Nudeln verschlangst, oder wenn sie ganz angeregt und heiter deine Hefte und Bücher einschlug... kurzum, es gab Momente...«

»Und solche Momente sind nun noch angenehmer als die anderen, ich spüre bei Vera etwas, was ich nie vorher gespürt habe... ja, eine Anhänglichkeit, eine Zuneigung... sie hatte bestimmt schon lange in ihr gesteckt, aber tief in ihr verborgen, zusammengeschrumpft, verhärtet, und jetzt zeigt sie sich ganz offen und blüht auf... und sofort breitet sich mein Vertrauen, meine Liebe zu ihr – es bedarf wenig, um sie hervorquellen zu lassen – in mir aus, bedeckt alles und fließt über...
Und als Vera mir anbietet, mich mitzunehmen, um zusammen die Wasserspiele in Versailles anzusehen, was ich mir schon lange im stillen gewünscht hatte, und sie mir sogar vorschlägt, zwei meiner Freundinnen dazu einzuladen... ›Welche möchtest du am liebsten dabei haben?‹ – ›Lucienne Panhard...‹ – ›Und wen noch?‹ – ›Claire Hansen, sie ist sehr lustig... wir spielen oft in den Pausen zusammen, wir können nun mit drei Bällen jonglieren... und ein wenig schon mit vieren...‹ – ›Oh, das müßt ihr mir vorführen... wir werden picknicken...‹ – ›Ja, aber... wie soll ich es machen? Meine Mama ist dann in Paris... Es wird zwei Tage nach ihrer Ankunft sein...‹ – ›Dann sagst du es ihr eben... sie wird das sehr gut verstehen, sie wird sehr froh darüber sein, daß du dich amüsierst...‹ – ›Meinst du? ‹ – ›Ich bin davon überzeugt, welche Mutter wäre es nicht?... Es ist doch nur für einen Tag... Nun ja, wie du willst, ich möchte keinesfalls...‹

Ich zögere nur einen Augenblick und kann dann nicht widerstehen, ich werde zu stark fortgezogen, mitgerissen... ›Gut, ja, wenn schon, ich werde es ihr sagen, es steht also fest, wir fahren hin?‹«

Mama ist da, sie ist angekommen, sie wird den ganzen August mit mir verbringen... sie erwartet mich, ich besuche sie... ich habe sie schon so lange nicht mehr gesehen, ich war erst acht Jahre alt...

»Achteinhalb genau, es war im Februar 1909.«

»Und am 18. Juli war ich elf geworden... mir scheint, daß ich schon ganz erwachsen bin, als ich das Haus in der Rue Marguerin verlasse und allein, ohne Hilfe, irgendwohin, fern von hier, gehe, wohin die Menschen, die mit mir zusammenleben, mir nicht folgen können... übrigens, wenn sie es könnten, würden sie es nicht wollen, es geht sie nichts an, es geht mich allein etwas an... Und ich weiß nicht recht, worauf ich zugehe, es ist ungenau, weit weg, fast in der Fremde... und gleichzeitig weiß ich, daß das, was ich finden werde, mir das Nächste ist, was ich auf Erden haben kann, meine

Mutter, man hat nur eine Mutter, wer sollte seine Mutter nicht über alles in der Welt lieben, ich werde meine Mutter wiedersehen...
Man hat mir, bevor ich fortging, erklärt...«

»Heute hättest du dir vorstellen können, du wärst wie ein Fallschirmspringer gewesen, den man über der Leere abspringen läßt und ihm dabei ein letztes Mal einschärft: ›Also, merk dir gut, du wirst dich doch nicht verirren? du weißt, was du tun mußt, um hinzukommen?‹ und du sagst... ›Ja, ich weiß...‹ Und hinter dir schließt sich die Tür.«

»Ich folge gewissenhaft allen Anweisungen... Ich gehe nach links in die Rue d'Alésia bis zur Place de Montrouge, dann wieder nach links in die Avenue d'Orléans und, als ich an der Porte d'Orléans angekommen bin, noch einmal nach links auf dem selben Bürgersteig, zwei oder drei Häuser weiter soll ein kleines Hotel sein... und schon sehe ich es, es ist das ›Hôtel Idéal‹.
Ich gehe durch die Glastür hinein und sage zu einer dicken Dame, die hinter einer Theke rechts in der Eingangshalle sitzt: ›Ich möchte Madame Boretzki besuchen...‹ und da dieser Name sonderbar klingt, kommt es mir vor, als hörte ich ihn zum ersten Mal in meinem Leben.«

»Aber früher, als ihr noch in der Rue Flatters wohntet, wurde dieser Name auf französisch doch schon so ausgesprochen...«

»Das war doch schon so lange her, es ist zwischen dem sechsten und elften Lebensjahr so unendlich viel Zeit vergangen... Nun hört sich ›Madame Boretzki‹, wie übrigens jedes Wort von mir, irreal, sonderbar an... was ich sage, unterscheidet sich sehr von den Worten, welche die Dame bei ihrer Antwort als ganz normale, banale Wörter in einem gleichgültigen, etwas zerstreuten Ton ausspricht ›Madame Boretzki ist da‹, und sie nennt mir ihre Zimmernummer...
Ich klopfe an die Tür, ich höre ›Herein!‹ und auf einmal ist mir nichts vertrauter als die Stimme... diese tiefe, nur ein wenig rauhe Stimme und auch die Aussprache, bei der allein das gerollte ›r‹ und eine gewisse Betonung den russischen Akzent verraten.

Mir scheint, daß ich sie nicht wiedererkannt hätte, wenn ich ihr zufällig begegnet wäre... sie ist etwas dicker geworden, aber es ist vor allem ihre neue Frisur, die beiden glatten, dunklen Haarrollen beiderseits der Stirn, wie bei Vera... sie stehen ihr nicht, sie verleihen ihrem Gesicht, das wie kein anderes aussieht, etwas Alltägliches, ein wenig Hartes... Aber sobald meine Lippen ihre Haut berühren... ich kenne keine vergleichbare Haut, sie ist seidiger und sanfter als alles, was seidig und sanft auf der Welt ist... und ihr leichtes, köstliches Parfüm... ich möchte noch einmal die Hand ausstrekken und ihr Haar streicheln, aber ich wage es nicht, ich fürchte, ihre Frisur zu zerstören... ihre hübschen, goldbraunen, ungleichen Augen, bei denen eine Braue sich höher wölbt als die andere, mustern mich, mir scheint, daß sie enttäuscht ist, ich bin nicht ›zum Anbeißen‹ hübsch, wie man oft von mir sagte, auch sie sagte es, aber keiner sagt es mehr... sie schüttelt mißbilligend den Kopf... ›Wie schlecht du aussiehst, du bist so blaß... Es ist dieses unmenschliche Schulsystem... Unterricht bis Ende Juli... Und man stopft die Köpfe der Kinder voll, man macht kleine Greise aus ihnen...‹ Ich erinnere mich daran, daß Mama der Arbeit in der Schule keine große Bedeutung beimißt... sie verachtet sie eher ein wenig...«

»Sie hatte oft zu dir gesagt, sie sei selbst eine schlechte Schülerin gewesen und habe immer nur vor sich hin geträumt... sie schien sich dessen zu rühmen... Sie hatte dir erzählt, wie sie aus dem Lyzeum verwiesen worden war, weil sie Flugblätter bei sich aufbewahrt hatte... aber nicht aus revolutionärer Überzeugung, eine andere Schülerin hatte sie darum gebeten, sie war sich der Gefahr nicht bewußt gewesen... und ich glaube, daß sie davon überzeugt war, Besseres zu tun zu haben... Seit ihrer Verweisung vom Lyzeum hat sie sich all ihr Wissen angelesen.«

»Wenn ich mich auch nicht mehr an alle diese Einzelheiten erinnern kann, während sie mich anschaut und mir sagt, wie ungesund sie das Schulsystem hier findet, so weiß ich doch, daß ich ihr nichts über meine Schule, nichts über meine Anstrengungen und meine Erfolge erzähle...

Sie liegt halb ausgestreckt auf ihrem Bett, und ich sitze auf einem Stuhl vor ihr, es ist sehr heiß, sie hat ihren Morgenrock von den Schultern gestreift, etwas zu weit hinab, sie hat sich zu sehr entblößt, und das schockiert mich ein wenig, und dann erinnere ich mich daran, daß es etwas ist, was die Leute drüben in Rußland nicht so sehr schockiert wie hier... ich sehe uns beide nackt unter anderen nackten Körpern von Frauen und Kindern wieder, die sich in dichtem, heißem Dampf bewegen, früher in Petersburg, als ich mit ihr in der ›Banja‹ war.
Wir verharren da, einander gegenüber, wir schauen uns an, ich weiß nicht, was ich sagen soll, und ich sehe, daß Mama auch nicht recht weiß, was sie sagen soll...«

»Und doch mußten wir miteinander sprechen... Was konnten wir sonst tun, welche andere Möglichkeit hatten wir, uns wiederzufinden?«

»Mama sagt zu mir: ›Ich soll dir einen dicken Kuß von Kolja geben, es hat ihm sehr leid getan, nicht fortzukönnen, er beendet gerade ein neues Buch...‹ Und dann schweigt sie, ich spüre, daß sie etwas sucht... ›Erinnerst du dich noch an die Kinder, mit denen du spieltest, als wir in Razliw waren? Ihre Datscha lag neben unserer...‹ – ›Ja. Ich habe noch den kleinen Flakon mit einem goldenen Kettchen, den du mir zum siebten Geburtstag geschenkt hattest...‹ – ›Stell dir vor, ich bin ihrer Mutter begegnet, der älteste der Jungen, der neun Jahre alt war, ist krank, er hat Knochentuberkulose, er muß im Bett bleiben... Aber sein Schwesterchen, das genau so alt war wie du, erinnerst du dich noch an Valja? ihr geht es sehr gut, sie scheint immer noch dieselbe Betriebsnudel zu sein... Letzten Sommer waren wir zusammen auf der Wolga... Ich habe dir Postkarten geschickt... sogar eine Photographie von Kolja und mir in einer Gruppe von Freunden bei einem Ausflug...‹ – ›Ja, ich habe sie...‹ Und Mama sucht immer noch... sie zögert...«

»Wie in einem Spielzeugladen vor der Verkäuferin, die fragt: ›Es soll für ein Kind welchen Alters sein?

Vielleicht Bauklötze? Es ist zu groß dafür... Dann vielleicht ein Baukasten?‹«

»Sie entschließt sich endlich... ›Weißt du, da drüben hatte ein Fischer letzten Sommer ganz ungewöhnlich große Fische gefangen... Wir machten mit ihm große Holzfeuer, wir kochten Fischsuppe darauf...‹ Und dann hält sie inne, sie spürt, daß dies nicht das Richtige für mich ist... ›Du sagst ja nichts, erzähl mir mal etwas von dir... Du hast ein Schwesterchen... wie alt ist es eigentlich?‹ – ›Es wird zwei Jahre alt im August...‹ – ›Es heißt Lili?‹ – ›Ja.‹ – ›Aber ihr richtiger Name?‹ – ›Hélène...‹ – ›Hélène?‹... Mama scheint schockiert zu sein... denn es ist, wie ich weiß, der Name ihrer Tochter, meiner ›wahren Schwester‹, wie ich sie nenne, wenn ich an sie denke, wenn ich bedaure, so allein zu sein, sie nicht bei mir zu haben... In der längst vergangenen Zeit, als Papa und manchmal auch Mama mir von ihr erzählten, sagten sie mir, man hätte sich kein sanfteres Kind vorstellen können, kein intelligenteres... sogar allzu vollkommen... es sind Wesen, von denen man sagt, sie seien nicht für das Leben gemacht... ›Hélène... nennt man sie denn nicht Lola?...‹ – ›Nein, sie nennen sie immer Lili, wenn sie französisch sprechen und auch wenn sie russisch sprechen...‹ – ›Ah, immerhin... Ich habe sagen hören, sie sei ein schwieriges kleines Mädchen, sehr nervös... und daß diese... Vera...‹ ich zucke zusammen... ich spüre, daß Mama schon wieder nicht mehr genau weiß, mit wem sie spricht... jetzt sieht sie mich gar nicht mehr als ein Kind an, sie glaubt, sie spräche zu einer Erwachsenen... aber ich bin nicht erwachsen, jedenfalls nicht die Erwachsene, die sie zu sehen glaubt... ›Diese... Vera‹, was die Mißachtung ausdrückt, was die Geringschätzung deutlich zum Ausdruck bringt, ist nicht für mich bestimmt, das paßt mir nicht, so was mag ich nicht...«

»Du wußtest aber doch, wie ein Erwachsener es gewußt hätte, daß in dieser Geringschätzung nicht die mindeste Spur von Eifersucht oder Neid zu finden war... du erinnertest dich gut genug an Mama, um sicher zu sein, daß sie nichts Derartiges empfinden konnte... sie hatte keinen Moment bereut, weggefahren zu sein, sie schien eher jene zu bedauern, die das von ihr abgelehnte Leben akzeptiert hatte, sie war durchaus zufrieden mit ihrem eigenen Leben... aber, vor allem war Mama immer so weit weg, allzu weit weg, um sich je mit irgend jemand messen oder vergleichen zu können...«

»Und das macht mir ›diese... Vera‹ noch peinlicher... Diese Geringschätzung rührt von dem her, was Leute, zu denen Mama Vertrauen haben kann, ihr zugetragen haben, sie hätte Vera ebensogut schätzen können, wenn man sie ihr anders dargestellt hätte... Aber es ist eben so, daß Vera diese Geringschätzung heraufbeschwört und verdient, und das tut mir weh, das bereitet mir Angst, und ich weiche immer mehr zurück, dahin, wo die Worte, die nun kommen werden, mich nicht mehr erreichen können... aber Mama merkt das nicht, sie redet weiter als ob sie zu sich selbst spräche... ›Diese... Vera ist nicht ganz normal... sie scheint hysterisch zu sein...‹

Das trifft mich, es verletzt mich sehr stark, das, was in diesem Wort steckt... ich weiß nicht genau, was es ist, aber es erweckt in mir, es läßt in mir kleine Wellen des Schreckens entstehen... ich schüttele den Kopf... ›Nein? ist sie es nicht? Nun ja, um so besser... um so besser für dich...‹

Und auf einmal spüre ich, wie ich sie nie zuvor gespürt hatte, Mamas Gleichgültigkeit mir gegenüber, sie entströmt den Worten ›Nun ja, um so besser für dich‹, sie ergießt sich mit solcher Gewalt über mich, sie spült mich fort, sie wirft mich auf die andere Seite, zu dem, was, so schlecht es auch immer sein mag, immerhin etwas von mir ist, mir immerhin näher liegt... sie treibt mich zu der, die sie ersetzt, zu der ich wieder zurückkehren werde, mit der ich leben werde, zu der, mit der ich lebe...«

Wie habe ich Mama gesagt, daß ich am nächsten Tag... es war kurz nach ihrer Ankunft... nach Versailles müßte, und daß ich sie nach meiner Rückkehr besuchen würde? Wie hat sie darauf reagiert? Wie ist dieser Tag mit Vera, Claire und Lucienne verlaufen? Ich habe nichts davon behalten... Wo war mein Vater? Er hielt nicht viel von solchen Sonntagsausflügen, zu denen es übrigens höchst selten kam. Er ist wohl zuhause geblieben und hat in seinem Sessel gelesen...

»Ich frage mich sogar, ob Vera ihn über das Vorhaben unterrichtet hatte... ob sie ihm nachher nicht irgend etwas erzählt hat... Hast du selbst ihm etwas gesagt? Ich glaube nicht...«

»Jedenfalls an jenem Sonntag... und das ist nie ausgelöscht worden, es ist vollkommen klar... als ich am Nachmittag zum ›Hôtel Idéal‹ gelaufen bin und unten gefragt habe, ob Madame Boretzki da sei, wurde mir geantwortet: ›Nein, Madame Boretzki ist ausgegangen.‹ – ›Und wann wird sie wieder da sein?‹ – ›Sie hat nichts gesagt.‹
Und am nächsten Morgen, als ich in Mamas Schlafzimmer kam, hat sie mir verkündet, daß sie wegfahren, am selben Abend noch nach Rußland zurückfahren würde, sie hatte schon ihren Platz im Zug

reservieren lassen... Aber außer diesem sind alle Worte, die sie gesagt hat, die Gefühle, die sie ausgedrückt hat, und die Empfindungen, die ich selbst gehabt habe, seit langem vollkommen in Vergessenheit geraten... Ich kann mir, da ich sie seitdem besser kennengelernt habe, ihre Gelassenheit und Gefühlskälte nur vorstellen, den Eindruck der Unbesiegbarkeit, den sie erweckte, so als hätte sie selbst einen Anstoß bekommen, dem zu widerstehen ihr unmöglich gewesen wäre... das hat mein Vater in dem Moment, in dem sie ihn verließ, empfinden müssen... ich habe es viel später erst dank einigen Worten begriffen, die er mir darüber sagte, als er nicht über sie sprach, sondern über ›jene Wesen, die‹... es gab keinerlei Möglichkeit mehr, sie zu erreichen... ich fühlte, daß sie schon drüben, weit weg von mir war. Es ist nicht wahrscheinlich, daß ich auch nur versucht hätte, sie zurückzuhalten. Ich mußte wohl vor lauter Verwunderung ganz verdutzt gewesen sein. Zerschmettert unter der Last meiner Schuld, die schwer genug gewesen war, um eine solche Reaktion auszulösen. Und vielleicht habe ich mich auch empört und zornig ein wenig dagegen aufgelehnt... Ich weiß es nicht mehr.

Das, was allein aus der Vergessenheit wieder emporsteigt, ist etwas, was sich kurz bevor wir uns wieder trennten, zugetragen hat: sie saß neben mir, zu meiner Linken, auf der Bank eines Parks oder einer Grünanlage, ringsherum standen Bäume... ich sah im Licht der untergehenden Sonne ihr hübsches, goldbraunes, rosiges Profil, und sie schaute mit ihrem in die Ferne gerichteten Blick vor sich hin... dann wandte sie sich plötzlich mir zu und sagte: ›Wie seltsam, es gibt Wörter, die in beiden Sprachen gleich gut klingen... hör mal, wie schön im Russischen das Wort ›gnew‹ klingt und wie schön das französische Wort ›courroux‹* ist... es ist schwer zu sagen, welches stärker, welches edler ist‹... sie wiederholte mit einer Art Glücksgefühl ›gnew‹... ›courroux‹... sie lauschte, sie wiegte den Kopf hin und her... ›Mein Gott, wie schön‹... und ich antworte ›Ja‹.«

Sofort nach Mamas Abreise haben wir wie jeden Sommer eine Villa in Meudon bezogen... Ich hatte vermutlich eine bedrückte, niedergeschlagene, traurige Miene, die Vera und mein Vater lächerlich, ärgerlich finden mußten... und die eines schönen Tages, nicht lange nach Mamas Abschied, meinen Vater wohl veranlaßte, einen Brief in der Hand schwenkend, zu mir zu kommen... ›Bitte sehr, hier ist das, was deine Mutter mir schreibt, schau dir das an...‹ und ich sehe, was Mutter in ihrer großen

* gnew (russ.), courroux (frz.): Grimm

Schrift geschrieben hat: ›Ich gratuliere Ihnen, es ist Ihnen gelungen, aus Natascha ein egoistisches Ungeheuer zu machen. Ich überlasse sie Ihnen ...‹ mein Vater reißt mir den Brief aus den Händen, bevor ich ihn zu Ende gelesen habe, er zerknüllt ihn, er drückt ihn in der Faust zusammen, er wirft ihn weit weg, er gibt ein knackendes Geräusch von sich, was andeutet, daß er drauf und dran ist, vor Entrüstung und Wut zu platzen ... Haa ...

Drei Jahre später, im Juli 1914, kam meine Mutter wieder. Diesmal wohnte ich mit ihr in Saint-Georges-de-Didonne in einem hübschen Haus, in dem wir zwei Zimmer und eine Küche mit Blick auf einen großen Obstgarten hatten.

Ich hatte noch nie eine Person gesehen, die so aufgeblüht, so fröhlich war wie sie damals. Sie bewunderte unablässig die Pinien um uns herum, das Meer, die Wiesen, die Bäume und Blumen, die sie jedoch nicht pflücken, sondern lieber nur betrachten wollte... sie war immer bereit, sich über irgend etwas zu amüsieren, und konnte ebenso plötzlich wie ich in unbändiges Lachen ausbrechen...

›Mein Haus ist keine Mausefalle!‹... dieser Satz, den Mama immer wieder sagte, ließ uns Tränen lachen... Wir hatten einen Schauspieler diese Worte mit großer Emphase in einem von einem Wandertheater gespielten Melodrama sprechen hören... ›Mein Haus‹... und Mama streckte den Arm aus und warf den Kopf zurück... ›ist keine

Mausefalle!‹ Wir fanden das zwerchfellerschütternd...
Und dann hat der Dorftrommler im August die allgemeine Mobilmachung verkündet. Und danach haben am Rathaus angeklebte Blätter uns mitgeteilt, daß Krieg war. Mama hat sich schrecklich aufgeregt, sie müsse sofort nach Rußland zurück, sonst werde sie davon abgeschnitten und sei gezwungen hierzubleiben... sie könne noch ein Schiff nehmen, das von Marseille auslaufen würde...
Ich habe sie nach Royan begleitet, zum Zug... ich war tieftraurig... und noch trauriger machte mich ihre Freude, die sie nicht zu verbergen versuchte... diese schöne Reise nach Konstantinopel... und dann Rußland und Petersburg und Kolja... wie er sie erwarten würde... wie besorgt er wohl wäre...
Als ich wieder in die Villa zurückkehrte, die mein Vater und Vera am anderen Ende von Saint-Georges-de-Didonne gemietet hatten, hat meine untröstliche Miene sie wieder einmal ärgern müssen, mein Vater war kälter zu mir als sonst, und Vera zischte noch schlangenhafter, als sie es damals ohnehin ziemlich oft tat.

Kurz nach Großmutters Abreise hat Vera beschlossen, es sei an der Zeit, Lili müsse unbedingt eine englische Gouvernante haben. Wenn man noch länger wartete, würde Lili keinen guten Akzent mehr bekommen.

Da sie selbst nicht englisch sprechen konnte, ließ sie die Sprechweise junger Engländerinnen, die sich bei ihr vorstellten, sorgfältig von einer Freundin, die sich darin auskannte, überprüfen, und traf ihre Wahl nur unter den Personen, welche die reinste Aussprache hatten.

Vera gab ihnen deutlich zu verstehen, daß sie nur angestellt wären, damit sie sich um die ›Kleine‹ kümmerten, die ›Große‹ bedürfe ihrer nicht.

Es hat sich schnell gezeigt, daß nichts Vera stärker verstimmen und sie gegen die Gouvernanten einnehmen konnte, als wenn sie hörte, daß sie mich englisch anredeten und mir gegenüber irgendeine Bemerkung über meine Erziehung machten, kurzum, wenn Vera merkte, daß die Engländerinnen sich, sei es auch noch so wenig, mit mir beschäftigten.

Mir scheint jetzt, daß dies vielleicht eine Bemühung ihrerseits war, die Vorteile, die Chancen zwischen Lili und mir auszugleichen... Ich sprach sehr gut russisch und ziemlich gut deutsch, ich brauchte nicht auch noch englisch zu sprechen... Und Englisch, dessen Kenntnis für sie ein Zeichen von Vornehmheit, von Eleganz war, würde Lili ein paar Punkte Vorsprung vor mir verschaffen. Und vielleicht fand sie auch, ihre Mutter habe mir viel mehr vermittelt als ihrer richtigen Enkelin, und mein Vater beschäftige sich etwas zu viel mit mir...

Es steht jedenfalls fest, daß, wenn Vera die Absicht gehabt hätte, meine Begeisterung für die englische Sprache zu wecken, sie es nicht besser hätte anfangen können... Es hat sich außerdem herausgestellt, daß diese Sprache mich von selbst bezauberte. Und auch die jungen, treuherzigen Engländerinnen schienen mich zu bezaubern, die als Pastoren- oder Lehrerstöchter ganz frisch aus ihrer Kindheit auf dem Lande erblüht waren... aus einer Kindheit, die nichts anderes gewesen sein konnte, als eine ›wahre‹ Kindheit, die in Sorglosigkeit und Sicherheit unter der festen, wohlwollenden Führung liebevoll vereinter, gerechter und ruhiger Eltern erlebt worden war... Sie fühlten sich hier gegenüber den dunklen Leidenschaften und den unbeherrschten Reaktionen Veras wie verloren.

Es wurde ihnen nach einer gewissen Zeit klar, daß sie in diesem Haus die ›heikelste‹, die gefährlichste

Aufgabe hatten, sie mußten sich um Lili kümmern... um Lili, die gegen alle durch das mächtige, von ihrer Mutter um sie herum geschaffene Verteidigungssystem geschützt wurde... Diejenigen, die unvorsichtig genug waren, Lili dazu zu bringen, daß sie durch ihr Jammern und Heulen dieses stets im Alarmzustand befindliche System in Betrieb setzte, mußten schleunigst den Rückzug antreten... Wenn sie es wagten, sich zu wehren, kriegten sie von Vera in einem keinen Widerspruch duldenden Ton, wie aus der Pistole geschossen, zu hören, daß Lili nie lüge.

Wenige von ihnen schafften es, sich lange auf diesem Posten zu halten, von dem ich mich in Veras Anwesenheit möglichst fernhielt. Aber ich ließ es mir nicht nehmen, zu erscheinen, wenn Vera nicht zu Hause war, was recht oft vorkam.

Abends vor allem, wenn Vera und mein Vater ausgegangen waren, kamen wir, die jungen, vereinsamten Engländerinnen und ich, in deren Zimmer, das nicht weit von meinem entfernt war, zusammen, in dem Zimmer, das von Großmutter bewohnt worden war und das den Vorzug hatte, näher an der Wohnungstür zu liegen... von da aus konnten wir besser die Geräusche im Treppenhaus, das ins Schloß fallende Eingangstor und die hinaufkommenden Schritte hören... die Schritte machen auf dem Treppenabsatz halt.. der Schlüssel tastet sich ins Schlüsselloch, er wird sich darin herumdrehen...

Ich muß mich von der Freude des Zuhörens losreißen, der Freude, die mir die Mühe bereitet, selber diese Sprache zu sprechen, der Freude, dank den sehnsuchtsvollen, gefühlvollen Erzählungen wie den köstlichen *nursery rhymes* und den für Lili bestimmten Kinderbüchlein ein Land zu entdecken, wo alles mich bezaubert und auch in mir zärtliche, sehnsüchtige Gefühle erweckt... aber es ist keine Sekunde mehr zu verlieren, ich verschwinde und schließe leise meine Tür...

»Erinnerst du dich noch an Miss Philips, die du viel später wiedergesehen hast...«

»Es mußte wohl zwanzig Jahre, nachdem sie uns verlassen hatte, gewesen sein... Ich bin ihr im Bois de Boulogne begegnet, in marineblauer Kindermädchenkleidung schob sie einen Kinderwagen... Ich habe sie sofort wiedererkannt, und es schien sie angenehm zu überraschen, daß es mir gelungen war zu überleben... Sie sagte zu mir: ›I still see your step-mother in my nightmares‹, und lachend sind wir auseinandergegangen.«

Man hat eine alte, bei einem Trödler gekaufte Kommode in mein Zimmer gestellt, sie ist aus dunklem Holz und wird von einer dicken schwarzen Marmorplatte bedeckt, ein starker, muffiger, moderiger Geruch steigt aus den offenen Schubladen, mehrere riesige kartonierte Bände mit gelblich geädertem schwarzem Umschlagpapier liegen darin... der Antiquitätenhändler hat vergessen, sie herauszunehmen, oder er hat sie womöglich absichtlich dringelassen... es ist ein Roman von Ponson du Terrail, *Rocambole.*

Mein Vater hat dafür nur sarkastische Bemerkungen übrig... ›Es ist Schund, er ist kein echter Schriftsteller, er schrieb wie... ich für meine Person habe nie eine Zeile von ihm gelesen... aber es scheint, daß er groteske Sätze geschrieben hat... »Sie hatte Hände so kalt wie die einer Schlange...« er ist ein Witzbold, seine Romanfiguren waren ihm völlig gleichgültig, er verwechselte sie, vergaß sie; um sich wieder an sie zu erinnern, mußte er sie durch Puppen darstellen, die er in seine Wandschränke stellte;

er holte sie, wie es gerade kam, wieder daraus hervor; die Person, die er hatte sterben lassen, tauchte wenige Kapitel weiter voller Leben wieder auf… du wirst deine Zeit doch wohl nicht mit so etwas vergeuden…‹ All dies ändert nichts daran, daß ich, sobald ich einen freien Augenblick habe, mich schleunigst wieder auf die großen, gewellten Seiten stürze, die noch ein wenig feucht zu sein scheinen, mit grünlichen Flecken besprenkelt sind und von denen etwas Vertrauliches, Geheimnisvolles ausgeht… eine Süße, die ein wenig jener anderen gleicht, die mich später in einem baufälligen, schlecht durchlüfteten Provinzhaus umfing, wo es überall Treppchen, Tapetentüren, Durchgänge und dunkle Winkel gab…

Jetzt ist endlich der langersehnte Moment gekommen, in dem ich den Band auf meinem Bett ausbreiten, ihn an der Stelle öffnen kann, wo ich die Lektüre hatte unterbrechen müssen… ich stürze mich darauf, ich falle… es ist ausgeschlossen, daß ich mich durch die Worte, ihre Bedeutungen oder ihre Gestalt anhalten oder durch den Verlauf der Sätze aufhalten lasse, ein unsichtbarer Strom reißt mich mit den Personen mit, denen ich mich mit meinem unvollkommenen, aber nach Vollkommenheit strebenden Wesen verbunden fühle, zieht mich zu den Personen hin, die selbst nichts anderes als Güte, Schönheit, Gnade, Adel, Reinheit und Mut sind… ich muß mit ihnen Katastrophen trotzen, schlimmsten Gefahren entgegentreten, am Rande von Abgründen ringen, mir Dolchstöße in den Rükken versetzen lassen, mich einsperren und von grauenhaften Weibern mißhandeln und mir drohen lassen, auf immer verloren zu sein... und jedesmal, wenn wir am äußersten Ende dessen, was ich ertragen kann, angelangt sind, wenn es nicht mehr die geringste Hoffnung, nicht mehr die mindeste Möglichkeit, nicht mehr die schwächste Wahrscheinlichkeit gibt... so was kann einem passieren... bringen wahnwitzige Beherztheit, Großmut und Intelligenz es fertig, uns gerade noch rechtzeitig zu retten...

Es ist ein Moment tiefempfundenen Glücks... das immer nur von sehr kurzer Dauer ist... bald werde ich wieder von Todesängsten geschüttelt... freilich sind die Tapfersten, die Schönsten, die Reinsten bislang stets mit dem Leben davongekommen... bis jetzt... aber wie sollte man nicht fürchten, daß diesmal... es ist kaum weniger vollkommenen Wesen widerfahren... doch, immerhin, sie waren weniger vollkommen und weniger verführerisch, ich fühlte mich weniger mit ihnen verbunden, aber ich hoffte, daß auch für sie, die es wohl verdienten, im letzten Moment etwas geschehen würde... aber nein, sie wurden, und mit ihnen ein Teil von meinem Fleisch und Blut, von der steilen Felsenwand hinabgestürzt, zermalmt, ertränkt, tödlich verletzt... denn das Böse ist da, überall, immer bereit, zuzuschlagen... Es ist genauso stark wie das Gute, es ist in jedem Moment im Begriff, den Sieg zu erringen... und diesmal ist alles verloren, alles, was es auf Erden an Edelstem, Schönstem geben kann... das Böse hat fest Fuß gefaßt, es hat keine Vorsichtsmaßregeln versäumt, es hat nichts mehr zu fürchten, es genießt im voraus seinen Triumph, es nimmt sich Zeit... und ausgerechnet in dem Augenblick, in dem man auf die Stimmen aus einer anderen Welt antworten muß... ›He, du wirst gerufen, das Essen ist aufgetragen, hörst du nicht?‹... mußt du mitten unter diese kleinen, vernünftigen, vorsichtigen Leute gehen, denen nichts passiert, was kann ihnen da, wo sie leben, schon passieren... da ist alles so eng, so kleinlich, so knickerig... während man bei uns drüben jeden Moment Paläste, Hotels, Möbel, alle möglichen Dinge, Gärten, die schönsten Equipagen, wie man sie hier nie sieht, und Mengen gleißenden Goldes und glitzernder Diamanten sehen kann... ›Was ist denn nur mit Natascha los?‹ höre ich eine Freundin, die zum Abendessen gekommen war, ganz leise meinen Vater fragen... meine geistesabwesende, verstörte, vielleicht verächtliche Miene mag ihr aufgefallen sein... und mein Vater flüstert ihr ins Ohr... ›Sie ist ganz vertieft in *Rocambole!*‹ Die Freundin nickt mit einem Gesichtsausdruck, der nichts anderes bedeutet als: ›Ah, ich verstehe...‹ Aber was können sie schon verstehen?...

In Vanves, an der Ecke zweier trostloser Straßen, in einem Haus aus schmutzig-grauem Stein, das äußerlich den anderen Häusern gleicht, bemüht mein Vater sich, in viel kleinerem Maße seine ›Färbemittelfabrik‹ von Iwanowo wieder einzurichten.

Auf dem ungepflasterten Hof hinter dem Haus, der von kleinen Schuppen umgeben ist, riecht es wie auf dem Hof, der sich vor den weiten Holzgebäuden von Iwanowo erstreckte, ekelerregend nach Säure, und ich muß wie drüben rote, blaue und gelbe Rinnsale überspringen... An der offenen Tür eines kleinen Büros vorbeigehend, erkenne ich auf einem Tisch das große Rechengestell mit den gelben und schwarzen Kugeln, die man an Stangen hin und her schiebt. Im Laboratorium beugt sich mein Vater in einem weißen Kittel über einen Tisch, wo vor den in Holzständern stehenden Reagenzgläsern, den Retorten und Lampen Glasscheiben nebeneinanderliegen... auf zweien von ihnen ist ein wenig grellgelber Puder angehäuft... ich weiß, mein Vater spricht oft davon, daß es ›Chromgelb‹ heißt... Er beobachtet lange eines der Häufchen... ›Schau mal gut hin, findest du nicht, daß dies nicht so hell ist wie das andere? Es ist ein wenig gräulich...‹ Ich versuche, einen Unterschied zu erkennen... ›Nein, das sehe ich nicht... oder vielleicht doch, ein klein wenig...‹ – ›Ein wenig zuviel, das ist klar, es ist viel matter... Es ist nicht so wichtig, ich glaube, ich weiß schon, woher das kommt, wir werden es noch mal machen... aber das genügt für heute, komm, wir gehen...‹

Wir gehen die Treppe hinunter, wir wollen uns von Monsieur und Madame Florimond verabschieden. Sie arbeiten hier und haben eine Wohnung zur Straße hin, im Erdgeschoß.

Ich sah sie selten, aber sonderbarerweise hat ihr Bild sich mir stärker eingeprägt als das von Personen, die ich viel besser kannte... Wahrscheinlich deshalb, weil sie für mich die ›Florimonds‹ waren, wie die genauen Reproduktionen von Bildern, die mein Vater mit seiner ganzen Überzeugungskraft und Leidenschaft in mir zeichnete... einfache, klare Bilder... wie Miniaturen, wie Heiligenbilder... wie vortreffliche Illustrationen, die mein Vater schätzt... An dem Gesicht von Monsieur Florimond, seinem Haarschopf, seinem Hals und seinen Händen, die wie von roter Farbe durchtränkt sind, erkenne ich seine Liebe zur Arbeit, er vergißt es, Vorsichtsmaßregeln zu beachten... was aus seinen geröteten Augen dringt und in meine Augen fließt, ist seine Intelligenz, so mancher Wissenschaftler könnte ihn darum beneiden... es ist seine Freimütigkeit, sein Stolz... und Madame Florimond mit ihrem pummeligen Körper, ihren runden Wangen, ihrem Mund, der sich beim Lächeln auf der einen Seite mehr hebt als auf der anderen, und ihren großen, aufmerksamen Augen ist das Idealbild der Ergebenheit, der Bescheidenheit, aber auch der Willensstärke... Und wie sie einander lieben... ein wenig Melancholie dringt in die Stimme meines Vaters, wenn er die rührenden Aufmerksamkeiten erwähnt, mit denen sie einander überraschen... ›wundervolle Leute, ich weiß nicht, was ich ohne sie gemacht hätte, ich habe keine besseren Freunde als sie, es ist ein großes Glück...‹ Sie neigen sich zu mir herab, sie tätscheln meinen Kopf... ›Wie sehr sie Ihnen gleicht‹... Mein Vater erwartet mich auf der Türschwelle... Er hebt sich dort, sehr schlank und aufrecht vom Hintergrund ab, auch er ein Bild, das Bild der Entschlossenheit, der Energie... sein Gesicht sieht jünger und glücklicher aus als sonst... Er sagt ›Gut. Also bis morgen...‹ ein ›Gut‹, bei dem ein wenig Befriedigung durchklingt, ein ›Gut‹, das für mich gleichbedeutend ist mit ›Wie gut es doch ist, daß es so ist, wie es ist, daß ich heute mein Teil an täglicher Mühe erhalten habe und ich es auch morgen bekommen werde... Wie könnte man ohne dieses Teil leben?... Gut. Also bis morgen... Komm, meine Tochter.‹

›Meine Tochter‹ sagt er, seitdem ich in Paris bin, manchmal zu mir, wenn er sich mir gegenüber zärtlich zeigt. Nie mehr ›Taschock‹, sondern ›meine Tochter‹, ›mein Töchterchen‹, ›mein Kind‹... und das, was ich, ohne es mir je klar zu sagen, bei diesen Worten spüre, ist so etwas wie die ein wenig schmerzliche Bestätigung einer besonderen Beziehung zwischen uns... wie die Zusicherung seines nie aufhörenden Beistands, aber auch ein wenig wie eine Herausforderung...

»Glaubst du wirklich, du hättest sogar in jenem Augenblick, in dem einsamen Hafen, in dem Heiligtum, im Schutz jener heiligen Bilder aus jenen Worten das herausgehört, was...«

»Ich glaube nicht, daß ich selbst dort meinen Vater ›Meine Tochter‹ zu mir habe sagen hören, als ob ich einfache, gewöhnliche, alltägliche, ganz natürliche und selbstverständliche Wörter hörte, die Wörter, die Monsieur und Madame Florimond gehört haben.«

Vera und ich kommen aus der Avenue d'Orléans zurück, wohin wir gegangen waren, um Einkäufe zu machen, wir gehen ruhig die Rue d'Alésia entlang, nach einer Weile überqueren wir sie, um in die Rue Marguerin zu gehen... als ich plötzlich meine Hand auf Veras Hand lege, die ihren langen Rock ein wenig angehoben hält, und sie, wie man sagt, unverblümt frage: ›Sag mal, haßt du mich?‹
Ich wußte wohl, daß Vera mir nicht ›Ja, ich hasse dich‹ antworten würde... ich mußte wohl hoffen, daß dieses brutale Wort, das ich ihr unversehens ins Gesicht schleuderte, sich in ihr festhaken, sie zu mir zerren würde, sie würde gezwungen sein, sich mir zuzuwenden, mir mit betrübtem Blick tief in die Augen zu schauen und zu sagen: ›Was redest du denn da? Ganz im Gegenteil, was denkst du nur, wie ist es möglich, daß du es nicht merkst?‹

»Nein, das geht jetzt zu weit, du konntest nicht mit solchen Herzensergüssen rechnen...«

»Ich wollte wenigstens, daß sie mich gereizt anschaute, die Schultern zuckte und sagte: Was für ein Unsinn! Wahrhaftig, ›da werden einem ja die Ohren welk‹, wenn man so was zu hören kriegt... es war ein Ausdruck, den sie oft gebrauchte... Jedenfalls steht fest, daß ich mir etwas davon versprach, daß ich einen kleinen aufmunternden Schlag auf die Schulter erwartete.«

»Und vielleicht hast du diese Ruhe, dieses Einverständnis ausnützen wollen, um sie zu erschrecken: Siehst du, schau mal, jetzt, wenn du dich so gut verhältst, beobachte mal, was bisweilen in dir vorgeht, diese jähen Anfälle unterdrückter Wut, diese Aufwallungen, diese Anwandlungen zu zischen, die dich von wer weiß woher überkommen... vielleicht werden sie durch meine bloße Anwesenheit ausgelöst... schau mal, so nennt man das: ›hassen‹, so heißt das. Es ist klar, du ›haßt‹ mich... Nein? Es ist nicht klar? Das ist es nicht? Es stimmt nicht, daß du mich haßt? Was ist es dann? Wir wollen es einmal zusammen untersuchen... in aller Aufrichtigkeit... von Seele zu Seele... ich bin bereit, in meiner zu sehen, was du darin siehst, und auch du solltest... wir werden aus dem gleichen Antrieb, aus dem gleichen Herzensdrang...«

»Ja, es mußte da so etwas geben, so unglaublich es auch scheinen mag...«

Vera bleibt plötzlich stehen, sie hüllt sich in Schweigen... und dann sagt sie in ihrem lapidaren, entschiedenen Ton: ›Wie kann man ein Kind hassen?‹
Worte, die sie dort geholt hat, die sie daher mitgebracht hat, wohin ich ihr nicht folgen kann... kompakte, opake Worte, von denen ich nur das ›man‹ wahrnehme, das ich kenne... ›Man‹... die normalen Leute, die moralischen Leute, die so sind, wie man sein soll, die Leute, zu denen sie gehört...
Und ›hassen‹... was für ein Wort!... eines jener allzu starken, geschmacklosen Wörter, die ein wohlerzogenes Kind nicht gebrauchen darf und die sich selbst gegenüber anzuwenden... was für eine Vermessenheit!... es erst recht nicht wagen darf...
›Sag mal, haßt du mich?‹
Für was hält dieses Kind sich bloß? ›hassen‹! wie kann ein Kind ein solches Gefühl erwecken?
Ich muß noch viel Suppe essen, bevor man mich ›hassen‹ könnte... Ich werde noch ziemlich lange warten müssen, um diese Stufe zu erreichen...
Aber später, wenn ich nicht mehr zu dieser Kategorie armseliger Pygmäen mit wenig bewußten, ungeordneten Gesten und noch unförmigen Gehirnen gehören werde... später, wenn das noch in mir fortbesteht, was schon darin steckt... etwas, was ich nicht sehe, aber was sie sieht... wenn das in mir

bleibt, was man jetzt noch nicht ›hassen‹ kann, man kann ja nicht ein Kind hassen … aber wenn ich kein Kind mehr sein werde … aber wenn ich kein Kind wäre … ah, dann …

Ich eile talwärts und wälze mich dabei im kurzen, dichten, mit Gebirgsblümchen übersäten Gras bis zur Isère, die am unteren Rand der Wiesen zwischen den hohen Bäumen schimmert... ich knie an ihrem Ufer nieder, tauche meine Hände in ihr klares Wasser, benetze mein Gesicht damit, strecke mich auf dem Rücken aus und höre es vorbeifließen, ich atme den Geruch vom nassen Holz riesiger, entrindeter Tannenstämme, die von ihrer Strömung getragen werden und in meiner Nähe im hohen Gras stecken geblieben sind... ich presse meinen Rücken und meine ausgebreiteten Arme so fest ich kann an den moosbedeckten Boden, damit all seine Säfte in mich eindringen, damit sie sich in meinem ganzen Körper ausbreiten, ich betrachte den Himmel, wie ich ihn nie betrachtet habe... ich gehe in ihm auf, ich bin grenzenlos, endlos.

Der Nebel, der bis zum Hotel aufsteigt, bedeckt die Wiesen, erfüllt das Tal, ist wohltuend, er besänftigt, er macht das Ferienende weniger schmerzlich... Seine Frische, sein Grau-in-Grau regen mich an, bestärken mich in meiner Ungeduld, endlich dem entgegenzutreten, was mich beim Neubeginn des Schuljahrs erwartet, dieses ›neue Leben‹ im Lycée Fénelon; man hat mir gesagt, es werde dort so hart gearbeitet, die Lehrer seien dort sehr anspruchsvoll, du wirst schon sehen, die ersten Wochen könnten schwierig werden, es wird etwas anderes für dich sein als die Elementarschule...

Schließlich bringt Vera mich eines Morgens sehr früh bis an die Ecke der Avenue d'Orléans und der Rue d'Alésia, wo die Straßenbahn der Linie Montrouge – Gare de l'Est hält... Sie hilft mir auf das Trittbrett zu steigen, sie beugt sich zur Wagentür vor und sagt zu dem Schaffner: ›Bitte, es ist das erste Mal, daß »die Kleine« die Straßenbahn ganz allein benützt, erinnern Sie sie doch daran, daß sie an der Ecke vom Boulevard Saint-Germain aussteigen muß...‹, sie sagt mir noch einmal, ich solle gut achtgeben, ich beruhige sie mit einer Geste und setze mich auf eine Holzbank unter den Fenstern, meine mit neuen Heften und neuen Büchern vollgestopfte neue Schultasche steht auf dem Boden zwischen meinen Beinen... Ich bemühe mich, nicht jedesmal aufzuspringen, ich blicke nach rechts und nach links, um die Straßen durch die staubigen Scheiben zu sehen... es ist ärgerlich, daß die Straßenbahn bei jeder Haltestelle so lange verweilt, daß sie nicht schneller fährt...

»Beruhige dich, ich bin fertig damit, ich werde dich nicht noch weiter mitschleppen...«

»Warum jetzt auf einmal, wo du dich nicht gescheut hast, bis hierhin zu kommen?«

»Ich weiß es nicht recht... ich habe keine Lust mehr... ich möchte woandershin gehen...
Mag sein, daß mir scheint, als hörte hier für mich die Kindheit auf... Wenn ich mir ansehe, was sich nunmehr meinen Blicken bietet, sehe ich etwas wie eine riesige, mit allem Möglichen vollgestellte, hell erleuchtete Weite...
Ich könnte mich nicht mehr bemühen, ein paar Momente, ein paar Bewegungen auftauchen zu lassen, die mir noch unbehelligt, noch stark genug zu sein scheinen, um sich aus jener bewahrenden Schutzschicht, aus den weißlichen, weichen, wattigen Dichten befreien zu können, die sich auflösen und mit der Kindheit verschwinden...«